TRAUB
SCHRITTWEISE
ZUR ERFOLGREICHEN
FREIARBEIT

SCHRITTWEISE ZUR ERFOLGREICHEN FREIARBEIT

Ein Arbeitsbuch für Lehrende und Studierende

von

Silke Traub

VERLAG JULIUS KLINKHARDT • BAD HEILBRUNN / OBB.

Die Deutsche Bibliothek – Cip-Einheitsaufnahme

Traub, Silke :
Schrittweise zur erfolgreichen Freiarbeit :
ein Arbeitsbuch für Lehrende und Studierende /
Silke Traub. –
1. Aufl.. – Bad Heilbrunn / Obb. : Klinkhardt, 2000
ISBN 3-7815-1122-7

2000.11.Kl. © by Julius Klinkhardt.
Das Werk ist einschließlich aller seiner Teile urheberrechtlich geschützt.
Jede Verwertung außerhalb der engen Grenzen des Urheberrechtsgesetzes ist ohne Zustimmung des Verlages unzulässig und strafbar. Das gilt insbesondere für Vervielfältigungen, Übersetzungen, Mikroverfilmungen und die Einspeicherung und Verarbeitung in elektronischen Systemen.
Druck und Bindung:
WB-Druck, Rieden
Printed in Germany 2000
Gedruckt auf chlorfrei gebleichtem alterungsbeständigem Papier
ISBN 3-7815-1122-7

Inhaltsverzeichnis

Inhaltsverzeichnis 5

„Jeder Weg von tausend Meilen beginnt mit dem ersten Schritt." (alte chinesische Weisheit) 9

I. Der weite Weg vom Wissen zum Handeln aus handlungspsychologischer Perspektive 13
   1. Der Begriff Handeln 13
   2. Menschenbildannahmen 17
   3. Konsequenzen der handlungspsychologischen Betrachtungsweise 18

II. Begriffsverständnis von Freiarbeit 27
   1. Reflexion der eigenen Unterrichtspraxis 28
   2. Definition von Freiarbeit 30
   3. Freiarbeit als Unterrichtsprinzip, Unterrichtskonzept oder Unterrichtsmethode? 36

III. Die didaktische Relevanz der Unterrichtsmethode Freiarbeit 49
   1. Freiarbeit im Unterricht: Modeerscheinung oder didaktische Entscheidung? 49
   2. Die Methode Freiarbeit im Gesamtkontext des Unterrichts 55
   3. Legitimation der Unterrichtsmethode Freiarbeit 61
      3.1. Bildungspolitische Begründung 61
      3.2. Begründungen und Zielsetzungen aufgrund des gesellschaftlichen Wandels 62
      3.3. Lerntheoretische Begründungen und Zielsetzungen 64
      3.4. Bildungstheoretische Begründungen und Zielsetzung 65

IV. Reformpädagogische Zugänge zur Freiarbeit 73
   1. Maria Montessori 73
   2. Celestin Freinet 76
   3. Peter Petersen 77
   4. Helen Parkhurst 79
   5. Hugo Gaudig 81
   6. Grundlegende Gedanken der aufgezeigten Konzepte
     und ihre Verwirklichung in der Freien Arbeit 84
   7. Freiarbeit heute und die reformpädagogischen Ansätze 86

V. Umsetzungsmöglichkeiten von Freiarbeit durch praktikable Konzepte 91
   1. Vorüberlegungen 91
   2. Darstellung des Stufenkonzepts 95
      2.1. Voraussetzungen für den Beginn mit Freiarbeit 97
      2.2. Freiarbeit nach Konzept A: 101
      2.3. Freiarbeit nach Konzept B 107
      2.4. Freiarbeit nach Konzept C: 110
      2.5. Konzept D als weiterführende Idee des Stufenkonzepts 113
   3. Vergleich der einzelnen Konzepte 113

VI. Ein wichtiger Bereich der Freiarbeit: die Frage der Materialien 117
   1. Allgemeine Tipps für den Beginn von Freiarbeit 117
   2. Allgemeine Überlegungen zu den in der Freiarbeit verwendeten Materialien 118
      2.1. Faktoren zur Entwicklung eigener und Aufbereitung erworbener Materialien . 119
      2.2. Hilfen für Schüler bei der Auswahl und Bearbeitung von Materialien 120

    2.3. Aus dem Stufenkonzept abzuleitende Konsequenzen
         bei der Erstellung von Materialien 122
  3. Beispiele für selbsthergestellte Materialien 124
    3.1. Möglichkeiten zur Herstellung von Materialien 124
    3.2. Freiarbeitsmaterialien für die Primarstufe 126
        3.2.1.Das „Lesespiel" 126
        3.2.2.Was weißt du von Rittern und Burgen? 127
        3.2.3. Wie man früher in der Schule schrieb 130
    3.3. Freiarbeitsmaterialien für die Sekundarstufe 130
        3.3.1.Büroklammerübung Deutsch 130
        3.3.2.Sortieraufgabe und Struktur-Lege-Technik: Fach Geschichte 131
        3.3.3. 21 Ab; Mathematik Bruchrechnen 132
        3.3.4. Memory der Nadelbäume 133
        3.3.5. Stromkreis: Physik 135
    3.4. Adressen von Freiarbeitsverlagen 139

VII. Schritt für Schritt in Richtung Freiarbeit durch eigenes Erproben der Methode 141
  1. Der Pädagogische Doppeldecker als Unterstützungsmaßnahme
     bei der Umsetzung von Freiarbeit 141
  2. Materialien für den Pädagogischen Doppeldecker 143
    2.1. Inventarliste 143
    2.2. Material Nr. 1: Kärtchenaufgabe Freiarbeit:
         Überprüfung des eigenen Wissens 145
    2.3. Material 2: Freiarbeit ist für mich 146
    2.4. Material 3: Konzept A 147
    2.5. Material 4: Konzept B 147
    2.6.Material 5: Konzept C 148
    2.7. Material 6: Sammeln von Argumenten für Freiarbeit 148
    2.8. Material 7: Voraussetzungen und Ziele für Freiarbeit 150
    2.9. Material 8: Merkmale freier Arbeit 151
    2.10. Material 9: Spiel: Unser Wissen über Freiarbeit 155
    2.11. Material 10: Der große Preis 159
    2.12. Material 11: Zum Weiterdenken: Thesen zur Freiarbeit 160

VIII. Ein erster Schritt in Richtung Freiarbeit ist getan 161

Literaturverzeichnis: 163

Das hat die Welt nicht oft geseh'n,

daß Lehrer selbst ans Lernen geh'n!

(Brecht, Galilei)

Herzlichen Dank
an alle, die mich beim Schreiben dieses Buches unterstützt haben.

Um den Lesefluss nicht zu beeinträchtigen, habe ich bei der Nennung von Personen und Personengruppen nur die männliche Form verwendet. Dabei wurde die weibliche Form aber immer mitgedacht.

„Jeder Weg von tausend Meilen beginnt mit dem ersten Schritt." (alte chinesische Weisheit)

„Man muss Schule immer wieder neu denken und das nicht erst seit Hartmut von Hentig. Es gibt viele Bewegungen, die aus der Reformpädagogik kommen und in vielen Schulen heute schon selbstverständlich geworden sind, wie z.B. Freiarbeit, die von Montessori eingeführt wurde oder die Druckwerkstatt von Freinet." Dieses Zitat eines Schulrates aus einem der Staatlichen Schulämter Baden-Württembergs im Oktober 1996 verdeutlicht die Bedeutung des Einsatzes neuer Unterrichtsmethoden in unseren Schulen.

In einem Punkt kann ich dieser Aussage zustimmen: In vielen Schulen wird über neue Unterrichtsmethoden diskutiert; selbst in der Realschule und an den Gymnasien werden zunehmend Diskussionen über den Einsatz freier Unterrichtsformen geführt. Die Umsetzung neuer Unterrichtsmethoden ist aber noch lange nicht selbstverständlich geworden. Empirischen Untersuchungen (vgl. Hage 1985) und meinen Erfahrungen nach gelingt die Umsetzung freierer Unterrichtsformen noch eher wenig. Freiarbeit und andere Konzepte selbstgesteuerten Lernens werden von Lehrern in der Schulpraxis selten oder gar nicht eingesetzt. Ihre Anwendung ist auf Dauer aber notwendig und wünschenswert.

Deshalb habe ich mich in den letzten Jahren mit der Entwicklung eines Freiarbeitskonzeptes beschäftigt, (Traub, 1997) das die Anwendung von Freiarbeit in der Grundschule (ab Klasse 2), aber auch in der Sekundarstufe möglich macht.

Mit Hilfe von qualitativen und quantitativen Methoden konnte bewiesen werden, dass sich Freiarbeit im Rahmen dieses Stufenkonzepts durchführen lässt. Dabei wird Freiarbeit als ein Konzept verstanden, das selbstorganisiertes Lernen ermöglichen kann und deshalb seinen Platz im Unterrichtsalltag haben sollte.

Die Ergebnisse meiner Analyse über Freiarbeitskonzepte haben zu einer Bewertungs- und Arbeitshilfe geführt, die als Grundlage für den Entwurf eigener, den jeweils schultypischen Bedingungen angepasster Praxiskonzepte von Freiarbeit dienen können. Sie liefern kein starres Konzept, sondern sind offen für Weiterentwicklungen.

Dem vorliegenden Buch soll es nun gelingen, tragfähige Freiarbeits-Konzepte in die Schule zu transferieren, so dass sie dort auch tatsächlich umgesetzt werden. Sie sollen also tatsächlich in die „Köpfe" und „Hände" der Lehrenden gelangen.

Neue Unterrichtsmethoden werden meist über Lehrerfortbildungen Lehrern vermittelt. Bisher praktizierte Formen der Fortbildung im Bereich der Freiarbeit sind aber nicht ausreichend effizient, weil zu wenig Transfer in die Praxis erfolgt (vgl. Traub 1999). Das Wissen über Freiarbeit kann also nicht in Handeln umgesetzt werden. Deshalb muss nach neuen Wegen gesucht werden. Neben einer Verbesserung der Lehrerfortbildung bietet sich hierzu auch eine Art Selbststudium an, durch das sich Lehrende langsam aber sicher einer Umsetzung von Freiarbeit nähern können. Außerdem sind auch Verbindungen zwischen Lehrerfortbildungen und Selbststudium denkbar.

In diesem Buch wird der Versuch unternommen, neue Informationen über Freiarbeit anzubieten, und ein schrittweises Vorgehen in Richtung Freiarbeit mit Hilfe bestimmter Arbeitsblätter und Arbeitsaufgaben zu ermöglichen.

Ich habe diese Vorbemerkungen mit einer für das hier dargestellte Vorhaben sehr passenden chinesischen Weisheit überschrieben: „Jeder Weg von tausend Meilen beginnt mit dem ersten Schritt". Das Vorhaben, Freiarbeit durch Lehrerfortbildung und Selbststudium in die Praxis zu transferieren, kann durchaus mit einem Weg von tausend Meilen verglichen werden. Viele Lehrer wissen um die Bedeutung neuer Unterrichtsmethoden für Lernende und Unterricht, doch der Weg vom Wissen zum Handeln ist sehr lang und mit vielen Stolpersteinen belegt. Das Buch versucht, die Lehrer auf diesen Weg zu bringen, sie darauf zu begleiten und sie bei der Beseitigung von Stolpersteinen zu unterstützen. Damit dies gelingen kann, müssen sie aber selbst den ersten Schritt tun, sie müssen bereit sein, sich auf neue Unterrichtsmethoden einzulassen und sie müssen an einer Umsetzung von Freiarbeit Interesse haben. Nur wenn dieser erste Schritt geleistet wird, kann eine sinnvolle Umsetzung erfolgen. Bei diesem ersten Schritt stellt das Buch eine Hilfe dar.

Das Wissens-Handelns-Dilemma ist in der heutigen Handlungstheorie am differenziertesten aufgearbeitet. Als Konsequenz ergibt sich, dass der weite Weg vom Wissen zum Handeln nur dann vollzogen werden kann, wenn mehrschrittige Lernprozesse (Auftauen, Umlernen, Verdichten), mehrphasige Lernprozesse (Präsenzphasen, Transferphasen) und flankierte Lernprozesse (Kleingruppen, Praxistandems, Vorsatzbildung) zusammenkommen. Dies soll in diesem Buch geleistet werden.

Aber nicht nur der Weg des Lehrers vom Wissen um die Methode bis zur Umsetzung der Methode ist lang und schwierig, sondern auch die Methode Freiarbeit selbst muss als ein langer Weg verstanden werden, der nicht von heute auf morgen mit Schülern gegangen werden kann. Vielmehr ist Freiarbeit ein Prozess, der ebenfalls das Vorwärtsgehen in kleinen Schritten vorschreibt. Wenn Freiarbeit erst einmal zum Laufen gebracht wird, dann enthält diese Methode eine Vielzahl von Vorteilen für Lehrende und Lernende.

Um diese Schritte nachvollziehbar zu machen, bietet das Buch ein zweigleisiges Verfahren an: Informationen, theoretisches Wissen und praxisorientierte Hilfen zur Umsetzung von Freiarbeit werden in kleinen Einheiten vorgestellt und durch das Angebot verschiedener Arbeitsaufgaben kann sich jeder Schritt für Schritt auf den Weg der Umsetzung machen.

Liebe Leserin, lieber Leser — sind Sie bereit?
Bevor Sie mit Kapitel I beginnen, möchte ich Ihnen noch einige Hinweise zum möglichen Umgang mit diesem Buch geben:
- *Da es sich bei der Umsetzung von Freiarbeit um einen weiten und anstrengenden Weg handelt, bietet es sich an, diesen nicht alleine zu gehen, sondern andere mitzunehmen. Arbeiten Sie dieses Buch im Tandem oder in der Kleingruppe durch, auch in Ihrem Kollegium gibt es sicher Personen, die an Freiarbeit interessiert sind. Das Arbeiten im Team ist effektiver, macht mehr Spaß und erhält die Motivation zum Weitermachen. Natürlich können Sie sich auch alleine auf den Weg machen.*
- *Das Buch besteht aus mehreren Teilen:*
1. *Theoretische und praktische Erläuterungen über Freiarbeit, ihre Einführung und Weiterführung in der Schule.*
2. *Praktische Arbeitshilfen, wie Sie Freiarbeit Schritt für Schritt in Ihrer Klasse einführen können.*
3. *Arbeitsaufträge, die Sie alleine, zu zweit oder im Team bearbeiten sollen und die gewährleisten, dass ein mehrschrittiges, mehrphasiges und flankierendes Lernszenarium entsteht, welches es Ihnen ermöglicht, bei der Umsetzung von Freiarbeit erfolgreich zu sein.*
4. *Das vorletzte Kapitel ist kompakt als sogenannter Pädagogischer Doppeldecker konzipiert. Das bedeutet, hier können und sollen Sie sich nach Art der Freiarbeit eigenständig über Freiarbeit informieren. Dazu sind verschiedene Materialien und Aufgaben zusammengestellt worden, durch deren Bearbeitung Sie Ihre erworbenen Erkenntnisse vertiefen, wiederholen und üben, aber auch weitergehende Kenntnisse und Fähigkeiten erwerben können.*

Das Buch ist systematisch strukturiert. Die einzelnen Kapitel bauen aufeinander auf und führen immer weiter in die Freiarbeit ein. Damit gibt es einen Anfangs- und Endpunkt.

Das erste Kapitel erläutert die Hintergründe des Aufbaus dieses Buches und damit das schrittweise Vorgehen in Richtung Freiarbeit und weicht somit von der Systematik ab. Wer verstehen möchte, warum sich der hier vorgestellte Weg zu Freiarbeit anbietet und es sinnvoll ist, diesen Weg mitzugehen, sollte sich die Ausführungen im ersten Kapitel nicht entgehen lassen.

Das VII. Kapitel beinhaltet Materialien zum Thema Freiarbeit, die nach der Methode Freiarbeit eigenständig bearbeitet werden können. Dieses Kapitel kann am Ende durchgearbeitet werden oder nach jedem Kapitel können einzelne Aufgaben gemacht werden. Mit dem ersten und dem letzten Kapitel kann jonglierend verfahren werden, bei den anderen Kapiteln ist es empfehlenswert, die Systematik einzuhalten.

Und nun wünsche ich Ihnen viel Spaß, Geduld und Erfolg auf dem Weg zur Freiarbeit.

Silke Traub

I. Der weite Weg vom Wissen zum Handeln aus handlungspsychologischer Perspektive

Untersuchungen zeigen (vgl. Traub 1999), dass eine Diskrepanz zwischen dem Wissen um Freiarbeit und der konkreten Umsetzung von Freiarbeit in die Praxis besteht. Diese Problemstellung „des weiten Wegs vom Wissen zum Handeln" ist in der Handlungspsychologie ein klassisches Thema (vgl. Wahl 1991, vgl. Mutzeck 1988). Bisherige Wirksamkeitsanalysen zu Lehrerfortbildungsmaßnahmen lassen nur eine geringe Verbindung zwischen dem neu erlernten Wissen und dessen Umsetzung in die Praxis erkennen. Untersuchungen aus dem Bereich der Lehrerausbildung zeigen ebenfalls, dass erworbene wissenschaftliche Theorien viel zu wenig in die Schulpraxis umgesetzt werden. Lehramtsstudierende greifen in der Praxis nicht in ausreichendem Maße auf Erkenntnisse im wissenschaftlichen Studium zurück, selbst wenn sie die Theorien nachvollziehen und ihnen zustimmen können (vgl. Wahl 1989, vgl. VBE 1994). Diese Erfahrungen wurden nicht nur bei Lehrenden bzw. Studierenden dieser Fachrichtung gemacht, sondern auch in anderen Bereichen der Aus- und Fortbildung.

Zusammenfassend zeigen diese Untersuchungen starke Differenzen zwischen Ausbildungs- und Fortbildungsinhalten und dem tatsächlichen beruflichen Handeln (vgl. Mutzeck 1988, u.a.). Um diesen Differenzen Abhilfe zu schaffen, muss genau überlegt werden, wie ein Konzept zur persönlichen Weiterbildung aussehen kann. Dazu muss man sich zunächst mit der hinter diesem Problemzusammenhang stehenden Theorie beschäftigen. Die folgenden Seiten sollen den Leser/ die Leserin in die Grundzüge der Handlungspsychologie einführen, damit der systematische Aufbau des Buches für alle besser nachvollziehbar wird.

1. Der Begriff Handeln

Wenn das Handeln der Teilnehmenden verändert werden soll, dann muss zunächst einmal deutlich werden, was unter dem Begriff des Handelns in der psychologischen Handlungstheorie verstanden wird. Handeln wird dabei nicht als Teilmenge von Verhalten aufgefasst, sondern als eine eigene psychologische Gegenstandseinheit, die in der Sequenzstruktur der Forschung dem Tun und Verhalten vorgeordnet ist.

Zunächst einmal werden dem Begriff "Handeln" bestimmte Merkmale zugeordnet:
1. Zielgerichtetheit und Bewusstheit: Menschliches Handeln ist ein zielgerichteter Prozess oder eine zielgerichtete Tätigkeit, die bewusst repräsentiert ist. Die Bewusstheitsgrade können dabei aber unterschiedlich sein. Handlung wird als von geplanten Operationen gerichtete Aktivitäten aufgefasst, die von Kognitionen gesteuert sind. Dabei werden bewusstseinsfähige und bewusstseinspflichtige Kognitionen unterschieden. Erstere können, zweitere müssen im Verlauf einer Handlung wenigstens einmal bewusst werden. Die Kognitionen erzeugen, gestalten und beeinflussen die Handlungsausführung. Bewusste Kognitionen sind den unbewussten dabei übergeordnet; durch sie wird der Aufbau einzelner Handlungen ermöglicht, Schwierigkeiten überwunden und die Organisation des Handlungssystems erleichtert. Bewusste Kognitionen besitzen die Eigenschaften der Selektivität, Abstraktion und Reflexivität und bilden damit ein informationsverarbeitendes System höherer Ordnung. Außerdem enthalten sie Merkmale von Steuerungsprozessen, die sich auf Vorgänge verschiedenster Organisationsebenen beziehen können. Bewusste Kognitionen können Wahl, Wechsel und Aufgabe von Zielen erleichtern. Sie erleichtern die Handlungssteuerung und Handlungsregulation beim Auftreten besonderer Schwierigkeiten auf den verschiedenen Organisationsebenen. Ebenso können sie die Handlungskontrolle verbessern und eine rationale Handlungsbewertung erleichtern. Die Bewusstmachung handlungsbezogener Kognitionen verunsichert und verlangsamt Routinehandlungen und erleichtert die Veränderung ihrer Struktur. (Montada 1983, S.71f.)
2. Die Handlungsregulation oder -organisation ist hierarchisch-sequentiell. Die Handlungstheorien gehen davon aus, dass zielgerichtete Aktivitäten in allen Fällen einen sequentiell oder aber hierarchisch-sequentiell geordneten Verlauf aufweisen. Dies bedeutet, dass der Akteur immer nur ein Ziel anstrebt und immer nur eine Handlung nach der anderen vollzieht. Mit der Annahme dieser hierarchischen Struktur ist die Annahme verschiedener, in hierarchischem Verhältnis zueinander stehenden Regulationsebenen verbunden. Die höheren Regulationsebenen haben gegenüber den niedrigeren Ebenen die Funktion der Steuerung, Überwachung und Kontrolle. Mit der sequentiellen Gliederung des Handelns ist der Verlauf gemeint. Bei jeder Handlung gibt es einen Anfangs- und einen Endpunkt, dazwischen liegen verschiedene Handlungsabschnitte. In der Anzahl der Handlungsabschnitte gibt es bei den Psychologen keine

einheitliche Auffassung. Allerdings herrscht über die Annahme einer hierarchisch-sequentiellen Organisation Einigkeit.
3. "Handeln" schließt sowohl kognitive als auch emotionale Prozesse ein. Kognitionen, Emotionen und Handlungsausführungen müssen integriert sein, damit von "Handeln" gesprochen werden kann.
4. "Handeln" kann nur erfolgen, wenn dabei auf Wissen zurückgegriffen werden kann. Dieses Wissen setzt sich aus gesellschaftlichen Elementen als auch aus individuellen Erfahrungen zusammen. Das Wissen muss auf eine bestimmte Weise im Gedächtnis gespeichert werden. Beim Handeln wird nun auf dieses gespeicherte Wissen zurückgegriffen. Wichtig ist nun zu untersuchen, wie handlungsrelevantes Wissen beschaffen sein muss, damit bei begrenzter Informationsverarbeitungskapazität auf dieses Wissen zurückgegriffen werden kann. Wahl nennt einige Anforderungen an dieses „handlungsrelevante Wissen":
„(a) Die theoretisch zu wählende Wissenskonzeption sollte dafür offen sein, dass neben den direkt benötigten (Mindest-)Informationen auch evtl. zugehörige begründende Argumentationsstrukturen aktiviert werden können. (b) Sie sollte es ermöglichen, dass jene Erfahrungen mit abgerufen werden (können), aus denen die Begründungen und die (Mindest-)Informationen gewonnen wurden. (c) In ihr sollte berücksichtigt sein, dass nicht nur kognitive, sondern auch damit verbundene emotionale Strukturen aktiviert werden (können). (d) Sie sollte die Möglichkeit eines derart raschen Speicherabrufes einschließen, dass die Inhalte beim „Handeln unter Druck" den Prozessen der Situationsorientierung, Handlungsplanung und Handlungsausführung unmittelbar zur Verfügung stehen."
(Wahl 1989, S.46)
5. Handeln ist ein Prozess. Hierbei unterscheiden die meisten Handlungstheoretiker zwei Handlungsphasen, die von Wahl u.a. als Situationsauffassung und Handlungsauffassung bezeichnet werden und durch deren Analyse versucht werden soll, die Zusammenhänge zwischen Struktur- und Prozessaspekten besser verstehen zu können.

Hier soll nun das Verständnis von Situationsauffassung und Handlungsauffassung nach Wahl (vgl. Wahl 1989, S.54-60) zusammengefasst werden:

Der Akteur nimmt zunächst einmal die Situation wahr. Dazu gehören externe Daten (das, was der Akteur wahrnimmt) und interne Daten (Aktualisierung überdauernd gespeichertes Wissen). Der Informationsaufnahme folgt die Informationsverarbeitung. Unter Verwendung bestimmter Kodierungsstrategien werden die Informationen und die bestehenden kognitiven Strukturen integriert. Daraufhin erfolgt eine recht grobe Einschätzung der Situation. Mit dieser ersten Bewertung sind auch Emotionen verbunden. Die Wahrnehmung der Situation erfolgt nach Kriterien der subjektiven Selektion, Akzentuierung und Strukturierung. Situationen, die für den Akteur bedeutsam sind, werden in kürzeren Wahrnehmungs-Einheiten wahrgenommen als weniger bedeutsame Situationen. Je länger die Situationsauffassung dauert, umso mehr externe Daten fließen ein und der interne Datenabruf wird reflektierter und bewusster. Es werden auch Hypothesen über die weitere Entwicklung der Situation gebildet. Solche Hypothesen können aber nur gebildet werden, wenn Wissen vorhanden ist, Prozess- und Strukturaspekte also miteinander verschränkt sind. Mit der Situationsauffassung verbunden ist eine am Ende stehende Situationsbewertung. Verarbeitungsprozesse und Gedächtnisstrukturen wirken bei der Situationsauffassung und der -bewertung zusammen. Damit eng verbunden ist auch die Handlungsauffassung. Die Bilder, die sich der Akteur von der Situation gemacht hat, dienen als Grundlage für die nun folgende Handlungsauffassung.

Hier sucht der Akteur nach entsprechenden Lösungen bzw. Aktionen, um auf die Situation angemessen reagieren zu können. Hierbei sind die Handlungsziele besonders wichtig.

Der Akteur aktiviert verschiedene, auf diese Situation passende Handlungsmöglichkeiten und bildet Hypothesen über deren Wirkungen. So kann er zwischen verschiedenen Alternativen einer Handlung auswählen. Je mehr Erfahrungswissen der Akteur besitzt, um so weniger Zeit braucht er für die Auswahl einer Aktion. Nach der Entscheidung für eine Handlungsmöglichkeit muss sich der Akteur dazu entschließen, das Geplante in eine konkrete Aktion umzusetzen. Der Entschluss selbst kann als bewusste Kognition verstanden werden, die die Handlungsausführung in Gang setzt bzw. beendet. Die Daten, die über Verlauf und Ergebnis der Aktion einfließen, werden ebenso verarbeitet wie bei der Situationsauffassung. Ergebnisauffassung und Situationsauffassung sind also formal identisch. Das Ergebnis stellt die Situation dar, die der Lehrer selbst herbeigeführt hat.

Die Untersuchungen an Lehrern, Hochschullehrern und Erwachsenenbildnern, aber auch an Tischtennisspielern und Blitzschachspielern haben ergeben, dass beim raschen Handeln die Gedächtnisinhalte so stark verdichtet sind, dass bestimmte Situationsauffassungsklassen mit bestimmten Handlungsauffassungsklassen verbunden sind.

Dies funktioniert so nicht, wenn dem Akteur für eine Situation kein entsprechendes Handlungsmuster zur Verfügung steht. Es entsteht eine Problemsituation.

Situations- und Handlungsauffassungsklassen können nach Wahl (Wahl 1989, S.154) als „Subjektive Theorien kurzer Reichweite" oder auch als "Expertenwissen" bezeichnet werden. Zur Erklärung des Begriffs Handeln kann also durchaus das Forschungsprogramm Subjektiver Theorien herangezogen werden.

Der hier gewählte Handlungsbegriff ist verträglich mit den ökopsychologischen, handlungspsychologischen und epistemologischen Perspektiven.

2. Menschenbildannahmen

Der Erklärung des menschlichen Handelns liegen immer auch bestimmte Menschenbildannahmen zugrunde. Der eben zitierte Handlungsbegriff geht von der Menschenbildannahme eines reflexiven Subjekts aus. Ebenso wie das Forschungsprogramm „Subjektive Theorien", schreibt es den Menschen folgende Eigenschaften zu:

- Autonomie: Der Mensch trifft seine Entscheidungen selbständig, er muss sich dabei von niemandem bevormunden lassen. Es wird dabei auch unterstellt, dass der Mensch zu solchen autonomen Entscheidungen generell in der Lage ist.
- Rationalität (im Sinne der Integration von Denken, Fühlen, Handeln): Menschliches Handeln ist begründbar, da der Mensch abwägen, sich entscheiden kann. Dazu ist Wissen notwendig, das die Grundlage für die rationale Entscheidung schafft. Aus seiner Sicht handelt der Mensch vernünftig. Dafür ist die Innensicht des Menschen, seine Selbst- und Weltsicht als handlungsleitender, -steuernder Prozess von entscheidender Bedeutung.
- Reflexivität: Der Mensch kann nachdenken und überlegen. Er kann seine Aufmerksamkeit von der Außenwelt abwenden und sie seinem inneren Erleben zuwenden und dadurch das Gedachte überdenken. Dadurch können Erfahrungen verarbeitet und es kann zukunftsbezogen gehandelt werden. Durch die Möglichkeit der Reflexivität kann der Mensch sein Handeln überprüfen und interpretieren und somit seine eigenen Kognitionen und Emotionen zum Gegenstand seines Nachdenkens machen. Der Mensch ist also zur Innensicht und zur Außensicht fähig. Damit kann der

Mensch eigene Erfahrungen reflektiert zur Bewältigung von Problemen einsetzen.
- Emotionalität: Zum Menschen gehören Merkmale wie Gefühle, Selbstbetroffenheit, Stimmungen, die die Prozesse der Reflexivität und Rationalität beeinflussen. Bei der Erforschung des menschlichen Handelns müssen auch die Emotionen berücksichtigt werden.
- Handlungsfähigkeit: Der Mensch kann sich zwischen Handlungsalternativen entscheiden und Handlungsabläufe planen. Somit ist er auch in der Lage, Anliegen und Wünsche in konkretes Handeln umzusetzen.
- Sprach- und Kommunikationsfähigkeit: Der Mensch kann Informationen aufnehmen und verarbeiten und so aktiv in die Umwelt eingreifen. Somit kann er seine Gedanken, Gefühle und seinen Willen zum Ausdruck bringen. Damit kann der Mensch sein Handeln selbst beschreiben und alles, was ihm zu dieser Zeit durch den Kopf ging. Dieser Aspekt muss bei der Erforschung des Handelns genutzt werden.
- Außerdem wird dem Menschen die Fähigkeit zur kognitiven Konstruktivität zugesprochen und die Fähigkeit zur Intentionalität.

Insgesamt wird hier der Mensch als ein kognitiv konstruierendes Subjekt verstanden. Menschen bilden Hypothesen, verwerfen sie dann wieder, entwickeln kognitive Konzepte und Strukturen, die dann das Handeln steuern. Groeben und Scheele (vgl. Groeben/ Scheele 1973) bezeichnen ein solches Menschenbild als „epistemologisches Subjektmodell". „Dieses Modell setzt als zentrale (zu erschließende) Subjektvariablen die theoretischen und Erfahrungs-Sätze des Individuums an, in denen sich sein Wissen summiert, die sowohl planvoll-intentional Verhalten fundieren als auch durch Erfahrung erreicht/ verändert werden können." (Groeben/ Scheele 1973, S.23)

3. Konsequenzen der handlungspsychologischen Betrachtungsweise

Die Ursachen für die Diskrepanzen zwischen Wissen und Handeln liegen in den handlungssteuernden Strukturen und den handlungssteuernden Prozessen der jeweiligen Lehrperson. Dies liegt vor allem wohl daran, dass die Subjektiven Theorien in entscheidendem Maße auch das alltägliche Lehrer-verhalten beeinflussen. So greifen Lehrende auf bewährtes psychologisches Alltagswissen zurück und weniger auf ihr umfangreiches, in der Aus- und Fortbildung erworbenes professionelles Wissen. Dies gilt auch für solche Situationen, in denen es der Spielraum des Lehrers ohne weiteres zulassen würde, sich an den ihm wohlbekannten wissenschaftlich-psychologischen Theorien zu orientieren. Bei der Umsetzung von Freiarbeit z.b. treten in der Regel keine Notfallreaktionen auf, da die Lehrer nicht unter unmittelbarem Handlungsdruck stehen. Druck entsteht nur dadurch, dass die Umsetzung innerhalb eines Zeitrahmens erfolgen soll und die Lehrer mit verschiedenen Widerständen zu kämpfen haben oder aber, dass Probleme bei der Umsetzung auftreten. Die Umsetzung von Freiarbeit kann als Planungshandeln bezeichnet werden, welches sich im Idealfall durch „geringen Handlungsdruck", „milde Emotionen" und „leicht außer Kraft zu setzende Routinen" auszeichnet (Wahl 1984, S.25). Dadurch kann der Lehrer über seine Arbeit reflektieren und auch ganz bewusst auf seine Subjektiven Theorien und auf seine wissenschaftlichen Theorien zurückgreifen. Im Bereich des Planungshandelns sind Änderungen relativ leicht zu bewerkstelligen, allerdings muss der Lehrer auch hierbei Anstrengungen und gewisse Risiken auf sich nehmen. Auf dieser Stufe kann der Lehrer reflektiert und kontrolliert vorgehen und dadurch zu einem befriedigten Handeln gelangen.

Aber auch dies kann dadurch verhindert werden, dass Lebenserfahrungen als Subjektive Theorien individuell abgebildet werden, die dann das eigene Handeln in Alltags- wie Berufssituationen leiten. Subjektive Theorien enthalten Begriffe und Konstrukte, sie enthalten Hypothesen usw.. Der Vorzug solcher Subjektiven Theorien ist der, dass sie auch dann verfügbar sind, wenn der Lehrer unter Druck handeln muss. Somit ist der Mensch durch diese Subjektiven Theorien sofort handlungsfähig. Dabei können Subjektive Theorien „kurzer Reichweite" und „langer Reichweite" unterschieden werden. Diese können auch unterschiedliche Inhalte aufweisen, obwohl sie vielfältig miteinander vernetzt sind. „So erleben beispielsweise Lehramts-studierende durch die Teilhabe am Unterricht über 13 Jahre hinweg am eigenen Leibe, wie Lehren, Lernen und Erziehen ablaufen. Diese Erfahrungen gehen, teilweise völlig unhinterfragt, in das Erfahrungswissen ein und bilden damit den Grundstock aller subjektiven pädagogischen und didaktischen Theorien."(Wahl 1994, S. 42). Die in Lehrerfortbildungen oder im Selbststudium aufgenommenen Theorien, die zu professionellem Handeln befähigen sollen, werden zunächst als Subjektive Theorien „großer Reichweite" gespeichert. Wenn von einem Lehrer nun schnelles Handeln erwartet wird, dann muss er auf Subjektive Theorien „kurzer Reichweite" zurückgreifen, weil diese ihm wesentlich schneller und unhinterfragter zur Verfügung stehen. Er verfügt aber auch über Subjektive Theorien „großer Reichweite", die ihm bessere, professionellere Handlungen erlauben würden. Allerdings sind diese Lösungen nicht unmittelbar verfügbar, sondern müssen erst noch entwickelt werden. Dies erschwert den Rückgriff auf solche Theorien. „Die bisherigen Lehreraus-, fort- und -weiterbildungen sind defizitär, weil sie keine Rücksicht darauf nehmen, welche handlungssteuernden Subjektiven Theorien „kurzer Reichweite" die Studierenden oder Lehrenden mitbringen. Lehreraus-, fort- und -weiterbildung erweitern in der Regel lediglich die elaborierten Subjektiven Theorien „großer Reichweite", verhelfen hier zu differenzierten Wissensbeständen und regen zu kritischem Reflektieren an. Das ist angesichts der extrem hohen Stabilität handlungssteuernder Subjektiver Theorien „kurzer Reichweite" einfach zu wenig."(VBE 1994, S.43). Für die Aus- und Fortbildung bedeuten diese Erkenntnisse der psychologischen Handlungstheorie nach Wahl, „die theoretischen Ausbildungsinhalte schon während der Ausbildung gedanklich so umzustrukturieren, dass alle für das Expertenhandeln erforderlichen Formen von Verdichtungen im Gedächtnis des Akteurs durch individuelle Lernprozesse hergestellt und damit für jeden Handlungszweck in optimaler Weise aktualisierbar wären!"(Wahl 1989, S. 174). Wahl stellt sich dies so vor: „Die Gedächtnisstrukturen müssten insgesamt so angelegt sein, dass die wichtigsten Entscheidungen bewusst getroffen und die weniger wichtigen Prozesse "nach unten" in Form von Routinen delegiert werden könnten. Letztendlich bedeutet dies, dass Lernstrategien zur „Strukturkomprimierung" gefunden werden müssten. Analog dazu müssten Strategien zum Aufbrechen, also zum „Entdichten" solcher Gedächtnisstrukturen entwickelt werden, die sich als für die Entscheidungsbildung suboptimal erwiesen haben."(Wahl 1989, S.175).

Der Lehrer wird dabei als ein autonom denkender Professioneller angesehen, der über sein unterrichtliches Handeln aktiv reflektiert.

Wissen wird hier aber nicht nur erworben, sondern Strukturen bestehender Konzepte müssen verändert werden. Zunächst einmal muss überprüft werden, ob und wie vorhandenes Wissen in einer Situation eine sinnvolle Anwendung erfährt. Hierfür muss ein Vergleich mit den Erfordernissen der Situation und den vorhandenen Strukturen erfolgen. Auftauchende Informationslücken können durch neu zu beschaffendes Wissen geschlossen werden. Dabei muss dieses Wissen mit bereits vorhandenen Strukturen vernetzt werden oder aber diese ersetzen. Durch wiederholendes Bearbeiten und dadurch erzeugendem Wandel komplexer Strukturen werden zunächst die Subjektiven Theorien verändert und dadurch kann auch allmählich das Handeln verändert werden. Wissen und Handeln hängen dabei eng miteinander zusammen. Handeln braucht zum Vollzug Wissen, Wissen wird nur erhalten, wenn es in Handeln umgesetzt wird.

All diese Überlegungen ergeben für das Lehren und Lernen Konsequenzen und müssen bei der Entwicklung von Aus- und Fortbildungskonzepten Berücksichtigung finden. Auch in diesem Buch sollen die Ansprüche und Anforderungen der Handlungspsychologie berücksichtigt werden, in dem das theoretisch Gesagte durch den Leser/ die Leserin immer gleich ausprobiert und schrittweise in Handlung umgesetzt werden kann.

Aus der empirischen Grundlagenforschung kann man ableiten, dass Expertenwissen nur dann zu handlungssteuerndem Wissen umgewandelt werden kann, wenn der komplexe und individuelle Lernprozess in mehreren Schritten abläuft. So müssen zunächst einmal umfangreiche Inhalte zu praktisch handhabbaren Informationseinheiten „gebündelt" oder „verdichtet" werden. Flankierende Maßnahmen sollen dafür Sorge tragen, dass der Lernprozess ungestört verlaufen kann. Dabei muss zunächst das Planungshandeln verändert werden, bevor das Interaktionshandeln umstrukturiert werden kann. Die zentrale Frage ist, durch welche Lehrverfahren diese Lernprozesse ausgelöst und unterstützt werden können, durch die elaborierte Theorien in Subjektive Theorien „kurzer Reichweite" überführt werden können.

Pädagogisch-Psychologische Grundlagenforschung als Heuristik für die Entwicklung effektiven Dozententrainings			
Idee 1: Schrittweises Verdichten des Gelernten	Idee 2: Flankieren des Gelernten durch Schutzschilde	Idee 3: Zunehmende Individualisierung des Lernprozesses	Idee 4: Von der Umstrukturierung des Planungshandelns ausgehen und bei der Umstrukturierung des Interaktionshandelns enden.
↓	↘	↙	↓
Variable Trainingsdesigns je nach Rahmenbedingungen			
⇩			
Konkrete Gestaltung der Trainings und praktische Erfahrungen bei der Erprobung			

Abb. 1: Heuristik (aus: Wahl u.a. 1991, S. 72)

Dazu müssen wie – in der Heuristik dargestellt – Strategien zum Aufbrechen verdichteter Theorien und Strategien zum Verdichten elaborierter Theorien gesucht werden. Ebenso braucht man Strategien, die einen möglichst störungsarmen Verlauf dieser Umstrukturierungsprozesse gewährleisten.

Alle Lehrenden haben ihre persönlichen Erfahrungen beim Lehren und Lernen gemacht und zu hoch individuellen Situations- und Reaktionstypen gebündelt. Um bei einer Fortbildung oder durch Selbststudium dazu zu lernen, müssen die Problemwahrnehmung und die Reaktionen darauf verändert werden.

Dazu sind verschiedene Lernschritte notwendig:
In einem ersten Lernschritt müssen die Subjektiven Theorien „kurzer Reichweite" außer Kraft gesetzt werden, d.h. die verdichteten Theorien müssen aufgebrochen werden. Nur so können die handlungssteuernden Strukturen bewusst gemacht und dadurch gezielt bearbeitet werden. Theorien, die bisher eher zu suboptimalen Handlungsweisen geführt haben, können modifiziert und ersetzt werden. Dazu müssen die gebündelten und verdichteten Strukturen so umgeformt werden, dass sie bewusst bearbeitet werden können. Man muss sie „entbündeln". Hier stellt sich nun die Frage, wie die bisherigen Subjektiven Theorien „kurzer Reichweite" außer Kraft gesetzt werden können. Dazu wurden mehrere Möglichkeiten in der Lehrer- und Erwachsenenbildung erprobt. Wichtig ist, dass der Akteur seinen bisherigen Handlungsfluss unterbricht und sich auf die eigentlich nicht mehr bewusstseinspflichtigen Prozesse konzentriert. Diese Bewusstmachung kann durch verschiedene Methoden erreicht werden:

- Selbstreflexion zu realen Ergebnissen als Lernender und ein damit verbundener Perspektivenwechsel auch in die Rolle der damaligen Lehrperson. (Bewusstmachung des so erlebten Unterrichts.)
- Bewusstmachen eigener Handlungsweisen durch die Methode „Szene-Stop- Reaktion". Dabei wird eine kurze Videoszene eingespielt und bei einer bestimmten Handlungsnotwendigkeit unterbrochen. Der Akteur muss nun darstellen, wie er in dieser Situation gehandelt hätte. Da hier sehr schnelles Handeln gefordert ist, kann sich die Lehrperson nur auf Theorien „kurzer Reichweite" besinnen, so dass diese dem Akteur bewusst werden und er sich mit seinen eigenen handlungssteuernden Strukturen und Prozessen auseinandersetzen und diese gegebenenfalls verändern kann.
- Feedbackmaßnahmen: Der Akteur handelt in sogenannten Life-Situationen. Er erhält präzise Rückmeldung zu seinem Handeln in verschiedenen Unterrichtssituationen durch eine Tandemperson oder durch die Lernenden.
- Erfahrungen in Form des „Pädagogischen Doppeldeckers", z. B. geglückter/ missglückter eigener Lernprozess.

Da bei diesen Rückmeldungen immer auch Emotionen im Spiel sind, handelt es sich beim Außer-Kraft-Setzen von Subjektiven Theorien um eine belastende Angelegenheit, da ja auch vor allem Defizite aufgezeigt werden. Um diesen Lernprozess bewältigen zu können, bedarf es deshalb einer intensiven Unterstützung, z. B. durch den Tandempartner oder die Kleingruppe oder durch Formen des Umgangs mit sich selbst in Form von Stressimpfung oder Handlungsunterbrechungsstrategien.

Dieser erste Lernschritt ermöglicht es, Schwerpunkte bei der Veränderung handlungsleitender Kognitionen zu setzen, so dass dort, wo es sinnvoll erscheint, subjektive Theorien durch wissenschaftliche Theorien ersetzt werden können.

In einem zweiten Lernschritt soll ein Prozess des individuellen und selbstbestimmten Umlernens in Gang gebracht werden. Dies geschieht zunächst außerhalb der pädagogischen Interaktionen, damit der Akteur nicht unter Druck kommt, sondern seine Handlungen in Ruhe verändern kann. Es findet also ein Handlungsaufschub bis zu jenem Zeitpunkt statt, zu dem der Handelnde glaubt, seine neu gebildeten Lösungen einsetzen zu können. Lehrer sollen durch die Entwicklung einer Problemlösestrategie schrittweise ihre Lehr- und Interaktionskompetenz steigern können. Die Gedächtnisstrukturen müssen also in einem selbstgesteuerten und bewussten Lernprozess umstrukturiert werden. Dazu ist natürlich auch professionelles Wissen wichtig, das in dieser Phase vermittelt werden soll. Das Umlernen in dieser Phase soll von jedem einzelnen Individuum autonom, reflexiv und zielgerichtet durchgeführt werden.

Im Lernschritt 1 erkennt die Person, dass ihr Handeln in bestimmten Punkten veränderungsbedürftig ist. Da es sich um hoch individuelle gedankliche und gefühlsmäßige Vorgänge handelt, kann nicht einfach das richtige Handeln vermittelt werden, sondern der Prozess des Umlernens muss von jedem einzelnen Individuum persönlich vollzogen werden. Jeder Teilnehmer wird in eine Strategie eingewiesen, die helfen soll, selbst an sich und dem eigenen Handeln zu arbeiten. Dadurch werden die Teilnehmer zu Problemlösern. Im Mittelpunkt stehen dabei Fähigkeiten, Probleme zu erkennen und zu diskutieren. Hier muss das Wissen zur Verfügung gestellt werden, aus dem dann die einzelne Person ihre Elemente herausnehmen kann. Somit wird jeder Problemlöseprozess zu einem individuellen Vorgang. Nach diesem Analyseprozess müssen sinnvolle Lösungen, also Handlungsalternativen, für das vorhandene Problem gefunden werden.

Durch einen dritten Lernschritt soll die Diskrepanz zwischen Wissen und Handeln überwunden werden. Das individuell angeeignete professionelle Wissen, das sich in Form Subjektiver Theorien „großer Reichweite" im Gedächtnis befindet, muss jetzt allmählich in Subjektive Theorien „kurzer Reichweite" überführt werden. Dies ist wohl der schwierigste Schritt auf dem Weg des Veränderns. Zunächst muss genau überlegt und geprüft werden, wann die Lösung eingesetzt hat und damit eine Verbesserung erbringt und wann nicht. Außerdem muss die Handlungsalternative detailliert ausgearbeitet werden, damit sie einsatzfähig wird. Die Lösung wird also bestimmten Situationsauffassungsklassen und Handlungsauffassungsklassen zugewiesen. Für solche Verdichtungsstrategien reicht das Nachdenken allein nicht mehr aus. Sie müssen in inszenierten Szenarios oder Simulationen geübt und eintrainiert werden.

Dies kann dadurch geleistet werden, dass Techniken der Vorsatzbildung und der Erinnerungshilfen verwendet werden, um eine professionelle Handlungsplanung zu erreichen. Dies kann durch die Heranziehung folgender Methoden gelingen:

- Erfahrungsbildung: Die Person agiert in Life-Situationen. Sie erhält Rückmeldung, in welcher Weise die selbst entworfenen Handlungsmöglichkeiten situationsangemessen sind. Danach können günstige von ungünstigen Lösungen getrennt und dadurch die Handlungskompetenz schrittweise erhöht werden. Auch hier herrscht eine große emotionale Betroffenheit, weshalb auch in dieser Phase flankierende Maßnahmen notwendig sind.
- Training nach dem Doppeldecker-Prinzip: Die Lehrenden sollen selbst erfahren, was sie mit ihren eigenen Schülern tun können, d.h. sie lernen die Methoden durch eigenes Praktizieren kennen und reflektieren darüber. Das Doppeldecker-Prinzip ermöglicht ein Lernen an Life-Modellen, Lernen durch Erfahrung und Lernen durch die Möglichkeit eines Perspektivenwechsels.
- Simulation: Um vom Wissen zum Handeln zu kommen, muss die Person aktiv agieren, um das Gelernte schrittweise in die eigene Handlungssteuerung zu integrieren. Dazu dienen Rollenspiele und Planspiele, Szene-Stop-Reaktionen, ebenso wie eigene Lehrversuche im Rahmen der Fortbildungsveranstaltung oder des Selbststudiums. Am Ende steht dann das reale Erproben im natürlichen Feld. Hierbei sollte nach dem Prinzip vom Einfachen zum Schweren vorgegangen werden und auch eine Unterstützung durch Tandempartner und Koping-Gruppe vorhanden sein.

Sind die neuen Handlungen in einem „Schonraum" erprobt, dann können sie in die Praxis umgesetzt werden. Hier müssen sich die Handlungen bewähren, also als erfolgreich eingestuft werden, damit sie weiter praktiziert werden. Bei Erfolgsmeldungen verdichten sich die Handlungen auch schneller, so dass sie bald ebenso unhinterfragt genutzt werden können wie die anderen Situations- und Handlungsauffassungsklassen. Damit dies gelingen kann, muss mit viel Geduld und Motivation an diesen Veränderungsprozess herangegangen werden.

Ziel solcher Aus- und Fortbildungskonzepte ist es, eine Modifikation des Handelns pädagogischer Experten zu erreichen. Dies kann aber nur in einem langwierigen Lernprozess gelingen. Flankierende Maßnahmen sollen dabei helfen, dass dieser Lernweg nicht beeinträchtigt wird. Diese Schutzschilde oder flankierende Meta-Strategien sollen vor allem sogenannte „Giftpfeile" (Misserfolge, abnehmende Motivation...) abwehren. Es können verschiedene solcher Meta-Strategien in den Lernprozess eingebaut werden:

- Handlungs-Unterbrechungs-Strategie: Bisherige Handlungstendenzen sollen dadurch überwunden werden, dass man mit einem konkreten Befehl die ablaufende Handlung unterbricht und sich so Zeit schafft, um die neue Lösungsmöglichkeit sinnvoll einzubringen. Diese sogenannten Stop-Befehle müssen aber vor der Handlung bereits genau überlegt sein.
- Vorsatzbildungen: Der Entschluss, sein bisheriges Handeln verändern zu wollen, muss ausdrücklich gefasst und möglichst in schriftlicher Form festgehalten werden.

II. Begriffsverständnis von Freiarbeit

Freiarbeit wird in der Literatur häufig aufgegriffen, mit verschiedenen Theorien untermauert und unterschiedlich definiert. Es gibt auch eine große Anzahl an Vorschlägen der Umsetzung für Freiarbeit. Dass das Verständnis von Freiarbeit dabei sehr weit auseinander geht ist sicher nicht zuletzt eine Ursache dafür, warum Freiarbeit sich in der Sekundarstufe nur sehr schwer durchsetzt und häufig als Spielerei für die Grundschule abqualifiziert wird. Bevor Überlegungen angestellt werden, welche Chancen Freiarbeit in allen Schularten bieten kann, muss zunächst einmal der Begriff Freiarbeit geklärt werden und ein Verständnis für Freiarbeit entwickelt werden, welches für die Primar- und Sekundarstufe Gültigkeit besitzt. Erst dann lässt sich entscheiden, ob es nach diesem Verständnis ein für die Grundschule und die Sekundarstufe realisierbares Konzept von Freiarbeit gibt und welche Chancen und Grenzen damit verbunden sind.

Der Begriff der Freiarbeit ist bisher nicht einheitlich gefasst worden. Das Ausfüllen verschiedener Arbeitsblätter wird ebenso als Freiarbeit aufgefasst wie das Zirkeltraining im Sportunterricht oder die eigenständige Auswahl der Schüler zwischen verschiedenen, in einer vorbereiteten Lernumgebung dargebotenen Materialien. Um Freiarbeit sinnvoll in der Schule einsetzen zu können, muss das, was darunter zu verstehen ist, eindeutig geklärt und von anderen Methoden abgegrenzt werden. Nur so kann über Freiarbeit, ihre Chancen und Grenzen diskutiert und Umsetzungsmöglichkeiten erarbeitet werden. Wie sich in der Analyse der aktuellen Freiarbeitsliteratur gezeigt hat, ist allen Autoren gemeinsam, dass Freiarbeit einen Zeitraum darstellt, in dem die Schüler in mehr oder weniger großer Freiheit Bereiche des Unterrichtsgeschehens selbst bestimmen können. Wie dies im einzelnen aussieht, wie groß dabei der Spielraum gestaltet werden kann und welche Verbindung zum Regelunterricht geschaffen werden muss, darüber sind sich die Autoren nicht einig. Somit bleibt dies dem einzelnen Praktiker überlassen, der sicher solche Entscheidungen, vor allem in bezug zu seinen Klassen und zu den vorherrschenden organisatorischen Bedingungen, treffen muss. Nicht zuletzt muss dabei auch seine eigene Lehrerpersönlichkeit berücksichtigt werden.

1. Reflexion der eigenen Unterrichtspraxis

Der in Kapitel I theoretisch begründete Weg eines mehrschrittigen Lernprozesses lässt es sinnvoll erscheinen, zunächst einmal über die eigene Unterrichtspraxis nachzudenken. Nur so kann individuell entschieden werden, wo und unter welchen Umständen Unterricht durch Freiarbeit bereichert werden könnte, um dann dieses Ziel Schritt für Schritt zu verfolgen.

Arbeitsaufgabe:
Dazu sollten Sie zunächst einmal Ihre Unterrichtspraxis der vergangenen oder der laufenden Wochen Revue passieren lassen und sich überlegen, welche der im folgenden aufgeführten Methoden Sie in letzter oder nächster Zeit eingesetzt haben oder einsetzen wollen. Tragen Sie diese Methoden in das dafür abgedruckte Stundenplanraster ein.

Wenn Sie sich darüber informieren wollen, wie Ihre Schülerinnen und Schüler die von Ihnen eingesetzten Methoden den entsprechenden Definitionen zuweisen, können Sie einige bitten, ebenfalls ein Stundenplanraster für Sie auszufüllen.

Stundenplanraster Woche vom:

Stunde	Montag	Dienstag	Mittwoch	Donnerstag	Freitag
1	Klasse: Fach: Nr.: Z.:	Klasse: Fach: Nr.: Z.:	Klasse: Fach: Nr.: Z.:	Klasse: Fach: Nr.: Z.:	Klasse: Fach: Nr.: Z.:
2	Klasse: Fach: Nr.: Z.:	Klasse: Fach: Nr.: Z.:	Klasse: Fach: Nr.: Z.:	Klasse: Fach: Nr.: Z.:	Klasse: Fach: Nr.: Z.:
3	Klasse: Fach: Nr.: Z.:	Klasse: Fach: Nr.: Z.:	Klasse: Fach: Nr.: Z.:	Klasse: Fach: Nr.: Z.:	Klasse: Fach: Nr.: Z.:
4	Klasse: Fach: Nr.: Z.:	Klasse: Fach: Nr.: Z.:	Klasse: Fach: Nr.: Z.:	Klasse: Fach: Nr.: Z.:	Klasse: Fach: Nr.: Z.:
5	Klasse: Fach: Nr.: Z.:	Klasse: Fach: Nr.: Z.:	Klasse: Fach: Nr.: Z.:	Klasse: Fach: Nr.: Z.:	Klasse: Fach: Nr.: Z.:

Unterrichtsmethoden:
Nr. 1 = Stillarbeit:
Alle in der Klasse arbeiten alleine für sich in einer vorgegebenen Zeit an einer bestimmten Aufgabe. Im Unterschied zur Klassenarbeit gibt es aber keine Noten und die Aufgabe wird auch anschließend besprochen.
Nr. 2: Freie Stillarbeit:
Im Unterschied zu Nr. 1 können die Lernenden unter verschiedenen Materialien und Aufgaben aus unterschiedlichen Fächern auswählen.
Nr. 3 = Partnerarbeit:
Die Schülerinnen und Schüler arbeiten mit einem Partner an einer Aufgabe, die sie alleine nicht so gut oder nicht so schnell bearbeiten könnten. Wichtig ist, dass gemeinsam gearbeitet wird.
Nr. 4 =Gruppenarbeit:
Die Schülerinnen und Schülern arbeiten in einer Gruppe mit drei bis vier anderen aus der Klasse zusammen. Sie arbeiten an einer Aufgabe, die sie alleine nicht so effektiv bearbeiten könnten.
Nr. 5= Stationenlernen:
Sie bauen im Unterricht Stationen mit Lernmaterialien zu einem bestimmten Thema auf. Die Schülerinnen und Schüler können sich dann Materialien aussuchen. Es müssen von den Lernenden nicht alle Stationen aufgesucht werden, sondern sie können sich für einige Stationen entscheiden. Wenn sie Hilfe brauchen, dann können sie sich an Sie wenden.
Nr. 6:Lernzirkel:
Im Unterschied zum Stationenlernen müssen die Lernenden alle Stationen aufsuchen und die Aufgaben bearbeiten. Wann sie welche Station aufsuchen, bleibt den Lernenden überlassen.
Nr. 7= Projektorientiertes Arbeiten:
Sie haben sich gemeinsam mit den Lernenden auf ein Thema geeinigt, das sie in nächster Zeit in einem oder mehreren Fächern (auch mit anderen Kollegen zusammen) bearbeiten wollen. In Gruppen werden Teilthemen bearbeitet. Jede Gruppe bringt die Ergebnisse in die Klasse ein. Dadurch wird ein Projektziel erreicht.
Nr. 8=Wochenplanarbeit/Monatsplan:
Es steht eine bestimmte Zeit während der Woche/ während eines Monats zur Verfügung, in der die Schülerinnen und Schüler an bestimmten Aufgaben, die von Ihnen vorgegeben werden, arbeiten können. Die Schülerinnen und Schüler können den Zeitpunkt und die Reihenfolge der Bearbeitung selbst bestimmen. Am Ende des Zeitrahmens muss die vorgegebenen Aufgaben bearbeitet sein.

Nr. 9= Freie Übung:
Es stehen verschiedene Arbeitsblätter oder Aufgaben im Schulbuch zur Verfügung, aus denen die Lernenden auswählen können und die sie dann bearbeiten. Zeitaufwand und Reihenfolge der Bearbeitung bleibt den Lernenden überlassen. Es werden vor allem Übungsmaterialien aus einem oder mehreren Fächern angeboten.
Nr. 10= Freiarbeit Konzept A:
Es steht eine bestimmte Unterrichtszeit zur Verfügung, in der die Lernenden in einem oder mehreren Fächern zu unterschiedlichen Themen Materialien angeboten bekommen, die im Klassenzimmer frei zugänglich sind. Bestimmte Materialien sind verpflichtend, andere frei. Enge Arbeitsanweisungen geben die Art der Bearbeitung vor.
Nr. 11= Freiarbeit Konzept B:
Im Unterschied zum Konzept A gibt der Lehrer nicht mehr an, welche Materialien bearbeitet werden müssen, sondern nur noch die Anzahl der Pflichtmaterialien. Die Arbeitsanweisungen sind offener.
Nr. 12=Freiarbeit Konzept C:
Gegenüber dem Konzept B erhöht sich die Zeit für Freiarbeit, es gibt keine Pflichtmaterialien mehr. Die Arbeitsanweisungen sind sehr offen und lassen viele Spielräume zu.

Nun wäre es schön, Sie hätten einen Tandempartner, eine Kleingruppe oder könnten mit Ihren Schülerinnen und Schülern über Ihre im Unterricht eingesetzten Methoden reflektieren, z.B. wo liegen die Stärken und Schwächen der einzelnen Methoden, welche sollen häufiger eingesetzt werden, mit welchen gibt es große Probleme usw.. Danach überlegen Sie für sich oder im Austausch mit anderen Kolleginnen und Kollegen, wo Freiarbeit sinnvoll eingesetzt werden kann und entscheiden sich dann bewusst für das Erlernen und die Umsetzung dieser Methode.

2. Definition von Freiarbeit

Freiarbeit umfasst eine bestimmte Unterrichtszeit selbstgesteuerten Lernens, in der die Schüler ihre Lernarbeit selbst planen, einteilen und eigenverantwortlich durchführen. In dieser Zeit stehen ihnen Materialien zur Verfügung, die vom Lehrer mehr oder weniger stark didaktisch aufbereitet wurden. Die Fachgrenzen sind in der Regel aufgehoben.

Dabei spielen bestimmte Prinzipien eine große Rolle.
1.Prinzip der Wahlfreiheit:
bezüglich der Inhalte: Es handelt sich um Inhalte, die in einem Bezug zum Unterricht stehen, aber auch zusätzliche Interessengebiete betreffen können. Jeder wählt nun ein Material mit einem bestimmten Inhalt aus, bearbeitet es und kontrolliert seine Ergebnisse. Dann stellt er sein Material zurück und wendet sich einem neuen zu. Dabei sind ihm alle Inhalte offen, die in der vorbereiteten Lernumgebung stehen. Hier lassen sich mehrere inhaltliche Dimensionen unterscheiden:
- Materialien mit Inhalten auf dem Gebiet der Festigung, Vertiefung und Einübung von Themen auf verschiedenen Schwierigkeitsstufen.
- Materialien im Sinne der Bearbeitung, Vertiefung und Weiterführung von aktuellen Unterrichtsinhalten.
- Inhalte, die über schulische Themen hinausreichen.
- verschiedene Arten von Lernspielen.
- Materialien mit eher experimentellem oder kreativem Inhalt.

bezüglich der Fächer, d.h. sie können Materialien aus verschiedenen Fächern bearbeiten und sind nicht an einzelne Fachinhalte gebunden. Die Materialien stellen verschiedene Angebote dar, aus denen die Schüler auswählen können.

bezüglich der Sozialform: Die Schüler entscheiden selbst, ob und mit wem sie ein Material bearbeiten wollen.

bezüglich der Zeit: Die Lernenden entscheiden selbst, wie viel Zeit sie für ein Material aufwenden und wie sie sich die Zeit einteilen. Sie können also nach eigenem Arbeitsrhythmus und Lerntempo arbeiten. So kann der Schüler lernen, mit der ihm zur Verfügung stehenden Zeit sinnvoll umzugehen. In diesem Zusammenhang muss er Entscheidungen fällen und Verantwortung für die eigene Zeitplanung übernehmen.
bezüglich der Methode: Hier wird selbst entschieden, mit welcher Methode an ein Material herangegangen wird und wie der Arbeitsvorgang gestaltet wird.
2. Prinzip der Selbsttätigkeit: Die Schüler sind über eine gewisse Zeit selbst tätig, ohne genaue Anweisungen durch die Lehrperson. Sie müssen ihren Arbeitsprozess selbst organisieren und sich auf das entsprechende Material konzentrieren.
3. Prinzip der Selbstkontrolle: Die meisten Materialien weisen Möglichkeiten der Selbstkontrolle auf, so dass die Lernenden ihren Arbeitsprozess selbst

überprüfen können. Somit lernen sie sich selbst besser einzuschätzen und können daraus Konsequenzen für ihre weitere Arbeit ziehen.

Dies sind die Rahmenvorgaben einer Freiarbeit, wie sie für die Grundschule ab Klasse 2 und für die Sekundarstufe einsetzbar erscheinen. Allerdings gibt es innerhalb dieser Rahmenvorgaben Möglichkeiten, diese Prinzipien auszudehnen oder einzuschränken, je nach den Bedürfnissen der einzelnen Klassen oder Lehrkräfte.

Die Art der Aufbereitung der Materialien spielt eine wichtige Rolle für die Anwendung der einzelnen Prinzipien. Beim Prinzip der Wahlfreiheit gibt es bezüglich des Inhalts Einschränkungen dahingehend, dass von den Schülern nur solche Inhalte gewählt werden können, zu denen es Angebote unter den vorbereiteten Materialien gibt. Dabei kann es durchaus sein, dass eine oder mehrere der inhaltlichen Dimensionen stärker betont, andere dagegen vernachlässigt werden oder als zu schwierig zur Aufbereitung angesehen werden. Welche Dimensionen im Vordergrund stehen, hängt auch von der Zielsetzung ab, die mit dem Einsatz von Freiarbeit verbunden wird. Die Inhalte und die Interessen der Lernenden können um so stärker berücksichtigt werden, wie die Lernenden in die Materialienherstellung einbezogen werden. Die Einschränkungen im Interessenbereich geht in die gleiche Richtung. Hinzu kommt, dass die Lehrkraft zunächst das Interesse der Lernenden erkunden muss, bevor sie mit Materialien darauf reagieren kann. Hier kommt es darauf an, ob die Schüler in der Lage sind, sich ihren Interessen gemäß mit Sach- und Fachbüchern usw., also ohne konkret erstellte Materialien, sinnvoll zu beschäftigen. Hier taucht auch das Problem auf, dass das schulische Interesse im Widerspruch zum Schülerinteresse steht. Hier müssen Lehrende und Lernende gemeinsam überlegen, ob diese Eigeninteressen im Sinne der Zielsetzung von Freiarbeit gerechtfertigt sind oder ob sie außen vor bleiben sollen. Die in den Materialien beinhalteten Arbeitsanweisungen schränken die Wahlfreiheit wieder meist ein Stück ein. So gibt es Materialien, die die Sozialform bereits bindend vorgeben (Partnerdiktat) oder solche, die bereits die Methode und Arbeitstechniken vorschreiben (Puzzle, Regelspiele usw.). Um frei über den Einsatz von Arbeitstechniken verfügen zu können, braucht man auch ein Repertoire derselben. Je größer dieses Repertoire ist, um so eher können die Lernenden auch selbst entscheiden, welche Lernmethode bzw. Arbeitstechnik für sie die geeignetste ist.

Auch mit der Zeit kann nicht grenzenlos frei umgegangen werden; die Schüler haben nur freie Entscheidungsmöglichkeiten innerhalb der Freiarbeitszeit, die ja auch in irgendeiner Form begrenzt sein muss.

Das Prinzip der Selbsttätigkeit kann nicht sofort in die Hand der Lernenden gegeben werden. Schüler, die überwiegend fremdbestimmt gelernt haben, müssen langsam zur Selbsttätigkeit hingeführt werden. Dies bedeutet, dass zunächst einmal nur Teile selbsttätig bearbeitet werden können, ansonsten aber eine gewisse Begleitung notwendig ist.

Auch das Prinzip der Selbstkontrolle kann nicht unbeschränkt eingehalten werden, da manche Materialien gar keine Selbstkontrolle möglich machen (Aufsätze usw.). Hier muss der Lehrer als Kontrolleur fungieren. Außerdem stellt die Chance zur Selbstkontrolle ebenfalls einen Prozess dar, denn damit verbunden ist eine hohe Konzentrationsfähigkeit und die Fähigkeit, sich selbst gegenüber ehrlich zu sein.

Im Bereich der Fächer kann die Auswahl ebenfalls eingeschränkt sein. Es ist durchaus möglich, dass zunächst nur eine Lehrkraft in ihrem Fach mit Freiarbeit beginnt, also nur innerhalb eines Faches oder einiger weniger Fächer freie Auswahl herrscht.

Diese Variationsmöglichkeiten müssen bei der Erstellung eines eigenen Freiarbeitskonzepts berücksichtigt werden. Das Konzept für Freiarbeit kann es also nicht geben, sondern es muss individuell auf die einzelne Situation abgestimmt werden. Wichtig ist allerdings, dass Freiarbeit als ein Prozess verstanden wird, in den Lehrende und Lernende langsam hineinwachsen. Bezüglich der einzelnen Prinzipien bedeutet dies: Sie sollten ansatzweise vorhanden sein, aber man sollte sich ihnen Schritt um Schritt nähern, um nicht anfangs von ihnen erdrückt zu werden.

Als Fazit kann festgehalten werden, dass Freiarbeit hilft, Schüler zu aktivieren, da sie nach ihren eigenen Interessen und Bedürfnissen lernen können. Dabei stellt Freiarbeit eine stark differenzierende und individualisierende Unterrichtsmethode dar. Die Lernenden können diesen Freiraum bewusst nutzen.

Freiarbeit gibt die Möglichkeit, auf einzelne Kinder einzugehen, was in der Sekundarstufe angesichts des Fachunterrichts besonders wichtig erscheint. Dieser lässt eben kaum zu, dass Schüler differenziert lernen, sondern er schreibt vor, dass alle den gleichen Lernstoff zur gleichen Zeit lernen müssen, und wer ihn da nicht verstanden hat, hat keine Möglichkeit, dies nachzuholen. In der Freiarbeit dagegen kann ein Schüler sich später wieder mit dem Stoff auseinandersetzen und ihn vielleicht dann verstehen. Man kann nicht davon ausgehen, dass alle Kinder zur gleichen Zeit gleich weit sind, um den gleichen Stoff auf die gleiche Art zu verstehen. Freiarbeit lässt hier eine Differenzierung und Individualisierung zu.

Freiarbeit als Unterrichtsmethode dient sowohl dem Üben, Festigen und Wiederholen als auch dem selbständigen Weiterführen von Inhalten.

Beim Üben, Festigen und Wiederholen lernen die Schüler anhand vorstrukturierter, methodisch-didaktisch aufbereiteter Materialien auf individuellem Wege. Sie können z.B. Themengebiete, die sie noch nicht ganz verstanden haben, wiederholen und üben, sie sich nochmals erklären lassen oder ergänzende Übungen dazu anfertigen, wenn sie das Gefühl haben, noch nicht ganz sicher in diesem Bereich zu sein.

Beim selbständigen Weiterführen von Inhalten können sie in Büchern nachschlagen, sich besonders in Themengebiete einarbeiten, diese aufarbeiten und sie anschließend ihren Mitschülern präsentieren. Hier wird besonders auf das Interesse der einzelnen Schüler eingegangen, was deren Lernen enorm motiviert. Freiarbeit vermittelt Qualifikationen, die für das gegenwärtige und zukünftige Leben der Lernenden sehr wichtig sind. Dazu gehört neben dem Erwerb von Kenntnissen und Wissen, der Erwerb von Arbeitstechniken, der Umgang mit verschiedenen Methoden, eben auch die Grundlagen für die anfangs beschriebenen Schlüsselqualifikationen.

Freiarbeit darf nicht als Lückenfüller in Vertretungsstunden bzw. für Restzeiten verwendet werden, ebenso wenig darf Freiarbeit nicht als das Allheilmittel gegen Schulunlust, Frust oder Disziplinschwierigkeiten gesehen werden. Freiarbeit löst sicher keine Schulprobleme, sie kann nur im Bereich des selbstbestimmenden Lernens bestimmte Funktionen übernehmen und damit ein klein wenig auf die gesellschaftlichen Veränderungen reagieren. Freiarbeit kann auch nicht alle anderen Unterrichtsmethoden ersetzen. Frontalunterricht, Gruppenunterricht, Projektunterricht usw. haben weiter ihre Berechtigung; Freiarbeit wird sogar erst sinnvoll in Verbindung mit diesen anderen Unterrichtsmethoden. Zuerst muss ich einen Unterrichtsstoff einführen, bevor Schüler daran weiterarbeiten, ihn üben oder wiederholen können. Auf die Darstellung allgemeiner Voraussetzungen und Bedingungen wird im Rahmen dieser Arbeit verzichtet, da dazu hinreichend Literatur vorhanden ist (vgl. Traub 1997, vgl. Sehrbrock 1993, vgl. Krieger 1994, vgl. Schulze 1993).

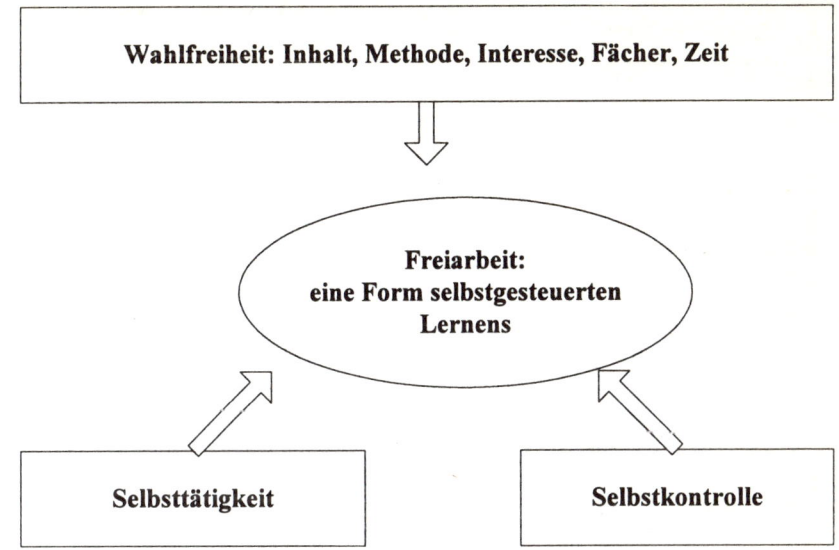

Abb. 2: Prinzipien der Freiarbeit

Arbeitsaufgabe:
Versuchen Sie, die wichtigsten Prinzipien der Freiarbeit zu beschreiben. Die hier aufgeführten Gedächtnishilfen unterstützen Sie dabei. So erhalten Sie gemeinsam mit der Arbeitsdefinition eine sinnvolle Zusammenfassung, wie Freiarbeit im folgenden verstanden werden soll. Diese Zusammenfassung kann Sie dann durch das ganze Buch begleiten.

Arbeitsdefinition Freiarbeit:

Freiarbeit beschreibt eine bestimmte Unterrichtszeit selbstgesteuerten Lernens, in der die Schülerinnen und Schüler ihre Lernarbeit selbst planen, einteilen und eigenverantwortlich durchführen. In dieser Zeit stehen ihnen Materialien zur Verfügung, die vom Lehrer/ von der Lehrerin mehr oder weniger stark didaktisch aufbereitet wurden. Dabei sind die Fachgrenzen in der Regel aufgehoben.

Das Konzept von Freiarbeit gibt es nicht, sondern jedes Konzept muss auf die Lehrperson und auf die eigene Klasse abgestimmt werden!

Gedächtnishilfen:

Prinzip der Wahlfreiheit:

Inhalt:

Interesse:

Fächer:

Zeit:

Methode:

Prinzip der Selbsttätigkeit:

Prinzip der Selbstkontrolle:

3. Freiarbeit als Unterrichtsprinzip, Unterrichtskonzept oder Unterrichtsmethode?

Freiarbeit wird in der dargestellten Literatur teilweise als durchgängiges Unterrichtsprinzip, teilweise als Unterrichtskonzept oder als Unterrichtsmethode eingestuft. Dies liegt vor allem daran, dass es keine Theorien gibt, die eine eindeutige Zuordnung von Freiarbeit zu den Bereichen Methode, Prinzip oder Konzept ermöglichen. Für die Umsetzung in die Unterrichtspraxis ist es jedoch wichtig zu klären, welchem Bereich Freiarbeit zugeordnet werden kann. Viele äußeren Bedingungen schränken die Einordnungsbreite von Freiarbeit ein. So kann in der staatlichen Schule Freiarbeit eigentlich nicht als Unterrichtsprinzip im Sinne eines den gesamten Unterricht durchziehenden Prinzips verstanden werden, da die schulorganisatorischen Bedingungen dies unmöglich machen. Fachlehrerprinzip, stundenplantechnische Probleme, Leistungsbeurteilung lassen Freiarbeit als Unterrichtsprinzip nicht zu. Außerdem wurde in der Definition von Freiarbeit von einer bestimmten, für Freiarbeit verfügbaren Unterrichtszeit gesprochen. Diese Aussage widerspricht der

Zuordnung von Freiarbeit als Unterrichtsprinzip. Dieser Bereich kann hier also vernachlässigt werden. Grundsätze, die hinter Freiarbeit stehen, können als Prinzipien angesehen werden, z.B. die Selbsttätigkeit als didaktisches Prinzip. Freiarbeit kann nur eine Umsetzungsmöglichkeit eines solchen Prinzips darstellen. Prinzipien sind Handlungsorientierungen, die als normative Aussagen zu verstehen sind, Freiarbeit kann sich an solchen Grundsätzen orientieren, aber nicht selbst als ein solcher aufgefasst werden.

Aber selbst in den Bereichen der Unterrichtsmethoden und -konzepte gibt es keine einheitlichen Theorien; ähnlich wie bei der Definition von Freiarbeit müssen verschiedene Sichtweisen dargestellt werden, um zu einem eigenen Verständnis zu kommen. Der Begriff der Methode tritt in engen und weiten Fassungen auf. Dabei gibt es Unterschiede in der inhaltlichen Akzentuierung und im Umfang der Begriffsfassung.

Ewald Terhart (vgl. Terhart 1983) verdeutlicht die unterschiedlichen Dimensionen der Definition von Unterrichtsmethode.

Er unterscheidet vier Dimensionen:

1. Dimension Zielerreichung:
Die Methode wird als Mittel zur Erreichung bestimmter Unterrichtsziele eingesetzt. Die Methode wird hier im Sinne einer reinen Arbeitstechnik verstanden. Vergessen darf hierbei allerdings nicht werden, dass Methoden bestimmte Zielerreichungen bereits in sich tragen.

2. Dimension Sachbegegnung:
Methode wird verstanden als vermittelnde Instanz zwischen dem Lernenden und dem zu lernenden Gegenstand. Durch diese „Begegnung" kommt es zu einer wechselseitigen Bereicherung. Dieses Verständnis von Methode entspricht am ehesten den bildungstheoretischen Überlegungen. Der Lehrende ermöglicht diese Begegnung durch sein methodisches Arrangement. Deshalb kommt seinem methodischen Handeln eine besondere Bedeutung zu.

3. Dimension Lernhilfe:
Die Methode wird als Lernhilfe verstanden, die möglichst günstige Bedingungen für Lernen schafft. Durch methodisches Gestalten wird Lernen gefördert.

4. Dimension Rahmung:
Unterricht findet im Rahmen der Institution Schule statt. Dieser Rahmen schränkt Methodenentscheidungen bereits sehr stark ein.

Diese Dimensionen finden sich alle mehr oder weniger stark in den einzelnen methodischen Modellen wieder, die Klassifikationssysteme zur Ordnung und Erfassung von Unterrichtsmethoden darstellen. Vier solcher Modelle möchte ich im folgenden vorstellen. Es handelt sich dabei um relativ bekannte und gut nachvollziehbare Beispiele. Die meisten Klassifikationssysteme zeigen noch Schwächen und werden immer wieder neu überarbeitet. Deshalb beanspruche ich hier auch nicht die Vollständigkeit der Darstellung. In diesem Zusammenhang reicht es, solche Modelle darzustellen, die eventuell Antworten auf die Frage liefern können, ob es sich bei Freiarbeit um eine Unterrichtsmethode und wenn ja, auf welcher Ebene handelt.

Klassifikationsschemata beschreiben nicht die unterrichtsmethodische Praxis in den Schulen, sondern stecken nur den methodischen Möglichkeitsraum ab. Sie sagen auch nichts darüber aus, welche Methode wann sinnvoll einzusetzen ist. Es geht hier also nicht um den Zusammenhang unterrichtsmethodischer Entscheidungen mit Ziel- ,Inhalts- und Organisationsfragen, dies sind didaktische Fragestellungen, die im nächsten Kapitel erörtert werden. Hier geht es also nur um die Frage, welches der Modelle eine Einordnung von Freiarbeit erlaubt und auf welcher Ebene dies geschieht. Dabei spielt die Plausibilität der einzelnen Modelle natürlich eine wichtige Rolle.

R. Winkel (vgl. Die Deutsche Schule 1978, S. 669-683) sieht Unterricht als einen Interaktionsprozess. Um Interaktionen zu ordnen, muss Unterricht methodisch gestaltet werden. Er nennt zwei- bis fünfpolige Interaktionsformen, denen dann einzelne Methoden zugeordnet werden können:

- Zweipolige Interaktion: Schüler – Gegenstand; Methoden: Einzelarbeit, Programmierter Unterricht, Klassenarbeit und Hausarbeit.
- Dreipolige Interaktion: Schüler – Mitschüler – Gegenstand; Methoden: Großgruppenunterricht, Kleingruppenarbeit, Partnerarbeit, Simulative Verfahren.
- Vierpolige Interaktion: Lehrer – Schüler – Mitschüler – Gegenstand; Methoden: Lehrerdarbietung, Schülerdarbietung, Entwickelndes Lehrgespräch, Lockeres Unterrichtsgespräch usw..
- Fünfpolige Interaktion: Lehrer – Lehrerteam – Schüler – Mitschüler – Gegenstand; Methode: Team-Teaching.

Diese Einteilung scheint wenig nachvollziehbar, da sie einige Ungereimtheiten enthält:

- Das Modell geht davon aus, dass es eine Interaktion vom Schüler zum Gegenstand gibt, d.h. der Interaktionsbegriff wird auf Dinge/ Gegenstände ausgedehnt. Da Interaktion aber als ein wechselseitiger Prozess verstanden werden muss, kann ich diesem Interaktionsbegriff nicht folgen.
- Viele Methoden tauchen in diesem Modell nicht auf, nämlich alle die, die von ihrer Organisationsform komplexer sind bzw. den jeweiligen Interaktionsformen nicht angepasst werden können. Hierzu zählt neben

dem Projekt und dem Lerngang wohl auch die Freiarbeit. Dies bedeutet, dass Freiarbeit in dieses Modell nicht einzuordnen ist. Selbst der Klassenunterricht als Sozialform taucht nicht auf.
- Dieser Versuch der Methodeneinteilung ist wohl auch deshalb missglückt, weil es sehr schwer und nicht legitim erscheint, von einem Kriterium (Interaktion) ein solches Modell zu entwickeln.

Dieses Modell kann also nicht verwendet werden, wenn es darum geht, zu überprüfen, ob Freiarbeit eine Unterrichtsmethode oder ein Konzept darstellt und auf welcher Verständnisebene der Methodendefinitionen sie eingeordnet werden müsste.

Ein anderer Ansatz stellt das Reichweiten-Modell nach Wolfgang Schulz (vgl. Terhart 1983) dar, das 1965 als lerntheoretischer Ansatz entstanden ist. Kriterium dieses Modells ist die Reichweite der einzelnen Methodendimensionen.

1. Reichweite: Methodenkonzeptionen:
Dies sind Gesamtentwürfe des Unterrichtsverlaufs, z.B. Projektverfahren oder ganzheitlich-analytische Verfahren. Dazu gehören auch Konzeptionen wie wissenschaftsorientierter Unterricht oder offener Unterricht, die dem methodischen Handeln des Lehrers eine bestimmte Norm und Form geben.

2. Reichweite: Artikulationsschemata:
Darunter versteht er die zeitliche Phasengliederung, durch die ein optimaler Ablauf von Lernprozessen in Gang gesetzt werden soll, z.B. Motivation, Darbietung, Verknüpfung usw..

3. Reichweite: Sozialformen:
Bezeichnung für die sozialen Beziehungen, die Lernende und Lehrende untereinander eingehen können, z.B. Klassenunterricht, Einzelarbeit, Gruppenarbeit usw..

4. Reichweite: Aktionsformen des Lehrens:
Hier geht es um die Verhaltensformen des Lehrers, z. B. die Gestaltung seines Lehrervortrags oder die Lehrerdemonstration usw. .

5. Reichweite: Urteilsformen des Lehrers:
Verbale und non-verbale Äußerungen, durch die der Ablauf des Unterrichtsprozesses gestaltet wird.

Zwischen all diesen Ebenen gibt es eine Interdependenz. Die Methodenentscheidung der oberen Ebenen (1., 2. Ebene) sind Grundsatzentscheidungen, die Ebenen unterer Reichweite sind situationsspezifisch.

Die beiden ersten Ebenen stellen eher theoretische Gebilde, die drei anderen mehr Formen methodischen Handelns aus Sicht der Lehrenden und Lernenden dar.

Die Reichweite stellt ein wichtiges Kriterium zur Einordnung von Unterrichtsmethoden dar. Trotzdem gibt es auch gegenüber diesem Modell Einwände:
- Es handelt sich hier um ein hierarchisches Modell; es ist nicht einsichtig, wie die Einteilung zwischen der 2. und 4. Ebene zustande kommt. Diese könnten eventuell auch vertauscht werden.
- Außerdem handelt es sich um ein stark lehrerzentriertes Modell. Die Methoden der Lernenden werden gar nicht aufgenommen. So spricht Schulz nur von den Aktionsformen des Lehrens und den Urteilsformen des Lehrers.

In einem stark lehrerzentrierten Modell kann Freiarbeit nicht eingeordnet werden, da es sich dabei ja um eine eher schülerzentrierte Form handelt. Da Schulz die Schülerperspektive aber unberücksichtigt lässt, eignet sich das Modell als Zuordnung für Freiarbeit nicht. In seinem Sinne müsste Freiarbeit am ehesten als Methodenkonzeption, also auf der 1. Reichweite angesiedelt werden, da er hier auch den offenen Unterricht einordnet, in dessen allgemeinen Definitionsbereich ja auch Freiarbeit fällt. Allerdings spielen die anderen Ebenen in der Freiarbeit ebenfalls eine Rolle, aber eben als methodische Entscheidungen seitens der Schüler.

Hilbert Meyer (vgl. Meyer 1987) entwickelt ein Strukturmodell methodischen Handelns, das wesentlich komplexer als die beiden bisher beschriebenen ist. Meyer versucht in diesem Modell, sämtliche für den Unterricht konstituierende Elemente systematisch geordnet aufzuführen, wobei das methodische Handeln zum leitenden Gesichtspunkt wird.

Unterrichtliches Handeln (methodisches Handeln) realisiert sich für ihn in Handlungssituationen. Diese Handlungssituationen stellen die kleinste beobachtbare Einheit unterrichtlichen Geschehens dar. Dazu gehören z.B. Vor- und Nachmachen, sich melden usw.. Die Handlungssituationen halten den Unterrichtsprozess in Gang und führen ihn zu konkreten Ergebnissen. Methodisches Handeln findet für Meyer in drei Dimensionen statt, die sich wechselseitig bedingen:
- Sozialformen: Einzel-, Partner- und Gruppenarbeit, die die Beziehungsstrukturen des Unterrichts regeln.
- Handlungsmuster: gleichförmige Strukturen des Unterrichts, die sich längerfristig herausgearbeitet haben. Sie stellen die Formen und Verfahren der von Lehrenden und Lernenden geleisteten Arbeit im Unterricht dar. Dazu gehören Lehrer- und Schülerreferat, Rollenspiel usw.. Diese Handlungsmuster sind meist historisch gewachsen. Sie haben auch einen

genau strukturierten Ablauf, sind deshalb schulisch allgemein bekannt und sorgen für einen einigermaßen reibungslosen Ablauf des Unterrichts.
- Unterrichtsschritte/ Ablauf von Unterricht: Unterschieden werden Phasen des Unterrichts; Einstiegs-, Erarbeitungs-, Übungs- und Schlussphase.

Diese Dimensionen verfestigen sich im schulischen Unterricht zu Differenzierungs- und Integrationsformen und zu Verlaufsformen des Unterrichts, die schließlich zu methodischen Großformen (Projekt, Lerngang, Offener Unterricht) führen. Es handelt sich hierbei um mehr oder weniger fest verankerte Lehr- und Lernwege mit unterschiedlichen Zielsetzungen und methodischen Gestaltungsebenen.

In diesem Zusammenhang definiert Meyer Unterrichtsmethoden folgendermaßen:
„Unterrichtsmethoden sind Formen und Verfahren, in und mit denen sich Lehrer und Schüler die sie umgebende natürliche und gesellschaftliche Wirklichkeit unter institutionellen Bedingungen aneignen."(Meyer 1987, S. 45).

Meyers Modell ist ein handlungstheoretisches, er unterscheidet innerhalb dieses Modells verschiedene Reflexionsebenen unterrichtsmethodischen Handelns. Auf drei Ebenen können unterschiedlich hohe oder niedrige Niveaus der Theoretisierung der Methodenreflexion erreicht werden. Grundlage dieser Ebenen ist eine Prozess- bzw. Handlungsebene des Unterrichts, auf die sich jede Form unterrichtlicher Methodenreflexion beziehen muss.

1. Ebene:
Hierzu gehört institutionell eingebundenes und biographisch gewachsenes Erfahrungswissen von Lehrenden und Lernenden. Dieses Erfahrungswissen oder auch subjektives Wissen ist meist handlungsleitend, ohne diese Handlungen oder dieses Wissen theoretisch reflektieren zu müssen. Man kann hier auch von Automatismen sprechen.

Innerhalb dieser Ebene unterscheidet er nochmals zwei Schichten:
1. Schicht besteht aus dem subjektiven Erleben in der Schulpraxis
2. Schicht kennzeichnet die subjektiven Theorien, die als Unterrichtsrezepte im Gehirn aufbewahrt werden und jederzeit verfügbar sind.

Auf dieser Ebene sollen sich die Lehrenden und Lernenden ihrer Handlungsvoraussetzungen und -motiven bewusster werden. Methoden werden auf dieser Ebene vor allem als Lernhilfen des Lehrers verstanden.

2. Ebene:
Auf dieser Ebene sind Handlungsentwürfe, also Unterrichtsmethodenkonzepte aus der Literatur angesiedelt. Diese Entwürfe sind meist normativ und beschreiben Unterricht, so wie er sein bzw. gestaltet werden soll.

Auch dieser Ebene weist er nochmals zwei Schichten zu:
3. Schicht: Strategien zur Ziel-Mittel- Rationalisierung von Unterricht
4. Schicht: Methoden-, Unterrichts- und Schulkonzepte, die meist aus der Zeit der Reformpädagogik stammen und nicht über empirische Ergebnisse verfügen.

Hier geht es vor allem um das Informieren und Aneignen bestimmter Methodenkonzepte und ihrer Erprobung im Schulalltag. Methoden werden hier als zweckrationale Strategien zur Lernbeschleunigung oder als Instrumente zur Erneuerung des alltäglichen Unterrichtsalltags verstanden.

3. Ebene:
Hierunter subsumiert Meyer die allgemeinen Theorien der Unterrichtsmethodik; Methodenreflexion auf dieser Ebene bedeutet die historisch-systematische Erfassung des Gegenstandsfeldes der Methodik.
5. Schicht: allgemeine Theorie der Unterrichtsmethodik
6. Schicht: Bezugstheorie für die Theorie der Unterrichtsmethodik.

Hier handelt es sich um die eigentliche Theorieebene. Das Verhältnis von Methodik und Didaktik soll theoretisch geklärt werden. Außerdem wird versucht, eine Theorie der Methodik zu entwickeln (vgl. Adl-Amini/ Schulze/ Terhart 1993, S.111-134).

Das Modell von Meyer orientiert sich an der Kategorie des methodischen Handelns. Für Meyer stellen Unterrichtsmethoden immer methodisches Handeln der Lehrperson dar. Durch seine Entscheidungen und Maßnahmen, durch sein Wissen und seine Persönlichkeit wird Unterricht methodisch gestaltet. Allerdings muss das methodische Handeln des Lernenden mit eingeschlossen werden. Innerhalb dieser Kategorie ist das Modell einleuchtend. Meyer verwendet den Begriff meist im Sinne der methodischen Handlungskompetenz. Diese versteht er folgendermaßen: „Unterrichtsmethodische Handlungskompetenz von Lehrern und Schülern besteht in der Fähigkeit, in immer wieder neuen, nie genau vorhersehbaren Unterrichtssituationen zielorientiert, selbständig und unter Beachtung der institutionellen Rahmenbedingungen zu arbeiten, zu interagieren und sich zu verständigen." (Meyer 1987, S. 47).

Für Meyer soll der Weg des Lernenden durch die Schule methodisch gestaltet sein. Daraus folgert er, dass Lernweg und Methode nicht dasselbe sein können. Für ihn strukturiert die Unterrichtsmethode den Lernweg des Schülers. Die Methode stellt also eine Arbeitstechnik dar, durch die eine bestimmte Zielsetzung erreicht werden kann.

Allerdings bringt dieses Modell wenig für die Unterrichtspraxis, sondern dient nur der Erhellung der verschiedenen Methodenebenen. Außerdem sind die Einordnungen schwierig nachvollziehbar. Innerhalb des Modells stecken auch einige Ungereimtheiten. So wird nicht deutlich, worin der Unterschied zwischen den methodischen Großformen und einzelnen Unterrichtskonzepten besteht. Manchmal verwendet er den einen, das andere Mal den anderen Begriff. Im Theorieband beschreibt er den Begriff Unterrichtskonzept so: „Unterrichtskonzepte sind Gesamtorientierungen methodischen Handelns, in denen explizit ausgewiesene oder implizit vorausgesetzte Unterrichtsprinzipien, allgemein- und fachdidaktische Theorieelemente und Annahmen über die organisatorisch-institutionellen Rahmenbedingungen und die Rollenerwartungen an Lehrer und Schüler integriert werden." (Meyer 1987, S. 208). Als Beispiele für Unterrichtskonzepte nennt er offenen Unterricht, handlungsorientierten Unterricht, projektorientierten Unterricht usw.. Bei diesen Beispielen handelt es sich um Formen, die ebenso gut auf die Definition der methodischen Großformen passen würden.

Meyer will kein wertneutrales Modell schaffen, sondern dieses Modell ist zielorientiert. Ziele wie Selbständigkeit und Mündigkeit stehen im Vordergrund dieses Modells.

Im Rahmen des Strukturmodells methodischen Handelns kann Freiarbeit als eine methodische Großform bezeichnet werden. Es handelt sich um eine Form methodischen Handelns, die in einem relativ festen Rahmen durchgeführt werden muss. Allerdings kann Freiarbeit bei Meyer genauso als Unterrichtskonzept aufgefasst werden, seine Definition lässt sich auf Freiarbeit anwenden. Dies scheint auch deshalb plausibel zu sein, da er selbst als Beispiel für Unterrichtskonzepte den offenen Unterricht angibt.

Im Sinne von Meyer könnte mit dem Verständnis Freiarbeit als Unterrichtskonzept durchaus gearbeitet werden. Freiarbeit würde bei seinem handlungstheoretischen Konzept auf der 2. Ebene und der 3. Schicht eingeordnet. Das Modell von Meyer ist allerdings hoch komplex und versucht viele Bereiche unterrichtsmethodischen Handelns darin einzuordnen, so dass ein praktikabler Umgang für die Schulpraxis sehr schwer erscheint. Außerdem ist ja nicht geklärt, worin der Unterschied zwischen methodischer Großform und Unterrichtskonzept liegt. Meyers Modell lässt sicher eine Einteilung zu, für den praktischen Umgang von Freiarbeit in der Praxis ist es aber aufgrund seiner Komplexität und Widersprüchlichkeit nicht das ideale Modell.

Adl-Amini (vgl. Adl-Amini 1994) definiert Unterrichtsmethode als einen Weg, auf dem die Lernenden zu den Lernzielen gelangen oder aber als die Art und Weise, wie sie diese Lernziele bewältigen.

Diese relativ komplexe Definition gliedert er in drei Ebenen auf, die die Unterrichtsmethode jeweils auf eine höhere Ebene hebt.

1. Ebene:
Auf der ersten Ebene wird die Methode als ein Weg zum Ziel verstanden, man könnte auch sagen als Mittel zum Zweck. Hier wird die Methode nur als relevante Bezugsnorm zu den Zielen und Inhalten des Unterrichts verstanden. Die Unterrichtsmethode selbst ist dabei nicht Thema und wird deshalb auch nicht explizit problematisiert. Sie stellt nur den Weg dar, der über die Inhalte zu den Zielen führt.

In diesem Zusammenhang ist es auch zu verstehen, dass die Unterrichtsmethodik der Didaktik nachgeordnet sein muss, da sich die Methodik dann nur mit den Lernwegen beschäftigt, nicht aber mit der inhaltlichen Planung des Unterrichts. In diesem Verständnis stellt die Didaktik die Frage nach den Zielen und Inhalten, die Methodik den Weg der Realisierung dar.

„Der Unterrichtsmethode (und der zu ihr gehörigen Lehre) haftet auf dieser Ebene gleichsam eine "Dienstleistungsfunktion" an. Sie ist nicht und kann nicht für sich sein, weil sie die Art der Vermittlung und Zielerreichung zu sein hat. Sie gilt lediglich als Implikant (Anhängsel) der Ziele und Inhalte. Ohne Bezug zu diesen hat sie keine Existenzberechtigung. Von den Zielen und Inhalten her bezieht sie ihre Legitimität, und an ihnen wird ihre Effektivität bemessen."(Adl-Amini 1994, S. 61/ 62).

Adl-Amini weist der Unterrichtsmethode auf dieser Ebene die Gütekriterien der Gegenstands- und Sachangemessenheit sowie der Altersgemäßheit zu.

2. Ebene:
Hier fungiert die Methode nicht mehr als Mittel zum Zweck, sondern erhält selbst eine Zielperspektive innerhalb des Lernprozesses. Methodische, zielorientierte und inhaltsbezogene Überlegungen gehören zusammen, bedingen und ergänzen sich gegenseitig, d.h. sie sind prozesshaft und offen, da es hier nicht nur um inhaltlich-kognitive, sondern um methodisch-problemlösende Entscheidungen geht.

Das Lernen lernen steht im Vordergrund, eingebettet in das Gesamtverständnis von Lernen im Sinne von Inhalt, Ziel und Methode der Lernprozessgestaltung.

Es geht hier also nicht nur darum, etwas zu lernen, sondern das Lernen selbst wird gelernt. Lernen wird hierbei als reflexiver Vorgang verstanden.

Die Unterrichtsmethode beansprucht hier den Status eines eigenständigen Problems.

Adl-Amini unterscheidet hier zwischen transitivem und reflexivem Lernen: Unter transitivem Lernen wird verstanden, dass etwas (z.B. Bildungsgüter) gelernt wird. Durch die Berührung mit solchen Kulturgütern wird der Nachwuchs geformt, geprägt und gebildet, d.h. auf künftige Aufgaben in der Gesellschaft vorbereitet. Transitives Lernen stellt eine wichtige Funktion von Unterricht dar. Dazu gehört aber auch, das Lernen an sich zu lernen. Das Lernen wird dem Lernenden bewusst, das Lernen vollzieht sich weniger auf der Objekt-, sondern mehr auf der Metaebene. Diese Art des Lernens erzeugt eine höhere Abstraktionsstufe, das Problembewusstsein des Lernenden erweitert sich.

„Erst im reflexiven Lernen erreicht die Unterrichtsmethode den Status eines abgesonderten und damit potenzierten Problems. Potenziert deshalb, weil das Lernen durch seine Methodisierung selbstreferentiell geworden ist. Die Selbstreferenz entlastet den Lernenden auf der einen Seite vom Ballast des uferlosen Lernstoffes, mutet ihm aber auf der anderen Seite auch ein höheres, abstraktes und methodisches Lernen zu. Nicht mehr nur die Lerngegenstände sind das Problem, sondern vielmehr noch das Lernen selbst als eine methodisch-abstrakte Erfahrung mit hoher Transfermöglichkeit." (Adl-Amini, 1994, S. 75/76).

Als Beispiele für Methoden auf dieser 2. Ebene gibt Adl-Amini die exemplarische und die Projektmethode an.

3. Ebene:
Auf der dritten Ebene siedelt er eine allgemeine Methodik an. Hierunter versteht er die lerntheoretische Begründung von Lehrmethoden auf dem Hintergrund einer Lerntheorie. Hier soll Lehren und Lernen miteinander in Einklang gebracht werden. Auf dieser Ebene subsumiert er die allgemeinen Theorien, z.B. Herbarts Formalstufen oder die Pädagogik Montessoris.

Freiarbeit kann als Unterrichtsmethode im Sinne Adl-Aminis auf der zweiten Ebene angesiedelt werden. Die dritte Ebene scheidet aus, da sie eine ganze theoretische Konzeption einschließt, was Freiarbeit im heutigen Schulsystem nicht sein kann. Eine Lerntheorie zur Erklärung von Freiarbeit gibt es meines Wissens noch nicht. Die erste Ebene schränkt den Gebrauch der Unterrichtsmethode zu sehr ein. Freiarbeit ist mehr als Mittel zum Zweck. In der Freiarbeit spielen methodische, zielorientierte und inhaltsbezogene Entscheidungen eine Rolle, so dass Freiarbeit sowohl den Weg als auch das Ziel eines Unterrichtsteils beschreibt. Über die Entwicklung des selbsttätigen, eigenverantwortlichen Lernens sollen die Ziele der Selbsttätigkeit, Selbständigkeit und andere Zielsetzungen im Laufe eines Prozesses erreicht werden. Dabei steht vor allem das rezeptive Lernen im Vordergrund.

⇨ Zielebene	Methode als Mittel zum Zweck
⇨ **Prozessebene** (Freiarbeit)	Methode als Lernprozess
⇨ Handlungsebene	Methode als Anwendung von Lerntheorie

Abb. 3: Einordnung von Freiarbeit nach Adl-Amini

Das Modell von Adl-Amini ist das am besten geeignete, um Freiarbeit einordnen zu können. Es ist durchschaubar und auf die Praxis anwendbar. Außerdem sind die einzelnen Ebenen klar und genau beschrieben.

Im Sinne Adl-Aminis 3-Ebenen-Modells werde ich Freiarbeit als Unterrichtmethode bezeichnen, die auf der zweiten Ebene angesiedelt ist, also sowohl den Lernweg (Prozess des Lernens) als auch das Ziel des Lernens darstellt. Dabei wird Freiarbeit aber als eine Methode neben anderen zur Erreichung bestimmter Zielsetzungen verstanden.

Arbeitsaufgabe:
Sie haben nun einen ersten Einblick in Freiarbeit erhalten.
Überlegen Sie sich, ob, in welchen Klassen/ Fächern Sie mit Freiarbeit beginnen wollen.
Formulieren Sie für sich eine Vorsatzbildung, was Sie für dieses Unternehmen in nächster Zeit tun wollen, z.B. im Buch weiterlesen, Kontakte zu Kollegen aufnehmen, die Erfahrungen mit Freiarbeit oder Interesse daran haben, Freiarbeitsmaterialien sichten usw.

Meine Vorsatzbildung:

Tipps für die Arbeit im Tandem/ in der Kleingruppe
Falls Sie im Tandem oder in der Kleingruppe arbeiten, können die folgenden Erläuterungen für Sie eventuell ganz hilfreich sein.

Leitfaden für die Kleingruppe
1.Es hat sich als günstig erwiesen, vor jedem Treffen zwei Rollen festzulegen: Rolle Gastgeber: Sorgt für ungestörten Raum und für das leibliche Wohl. Ist telefonische Anlaufstelle. Rolle Moderator: Leitet die Sitzung. Sorgt für einen befriedigenden Verlauf der Sitzung. (keine Dauerrollen)
2.Gestalten Sie die einzelnen Sitzungen ganz nach Ihren Bedürfnissen. Die nachfolgenden Hilfen können Ihnen Anregungen geben, sind aber keinesfalls als ein MUSS anzusehen.
3.Beginnen Sie die Sitzung mit einem Blitzlicht. Dabei sagt jedes Gruppenmitglied reihum, welche Themen aus seiner Sicht besprochen werden sollten. Stellen Sie danach gemeinsam unter Leitung des Moderators das heutige Sitzungsprogramm zusammen.
4.Beschreiben Sie detailliert, wie die Umsetzung Ihres persönlichen Freiarbeitskonzepts bzw. die Umsetzung der Schritte auf dem Weg dorthin derzeit verläuft. Schildern Sie positive und belastende Aspekte.
5.Berichten Sie, sofern möglich, intensiv und anschaulich von der Arbeit mit Ihrem Tandempartner:
6.Legen Sie am Ende der KOPING- Sitzung fest, WANN Sie sich wieder treffen wollen. WER die Sitzung vorbereitet (GASTGEBER), wer die Sitzung leitet (MODERATOR) und WELCHE AUFGABEN Sie sich selbst bis dahin vornehmen wollen (VORSATZBILDUNG).
Leitfaden für die Tandem-Arbeit (Tipps):
1.Tandembesuche sind sinnvoll zur gemeinsamen Planung; gemeinsamen Ausarbeitung von Freiarbeitsmaterialien, zur gemeinsamen Vor- und Nachbereitung einzelner Schritte auf dem Weg zur Freiarbeit sowie, wenn zeitlich leistbar, zur gegenseitigen Beobachtung der einzelnen Freiarbeitspraxis (Unterrichtsbesuche)!
2.Rufen Sie sich vor jedem Tandem-Besuch an und sprechen Sie ab, WAS Sie planen, ausarbeiten oder gezielt beobachten wollen.
3.Besprechen Sie jeden Tandem-Besuch nach:
Wie ergiebig war das Treffen?
Was haben Sie für Beobachtungen gemacht?
An welchen Fragestellungen könnten Sie weiterarbeiten?
4.Berichten Sie über Ihre Tandem-Arbeit ausführlich in der KOPING- Kleingruppe:
Stellen Sie Ihre Planungsergebnisse vor.
Zeigen Sie die ausgearbeiteten Materialien.
Berichten Sie Ihre Beobachtungen/ Erfahrungen.
5.Fordern Sie von der KOPING-Kleingruppe Hilfen, Tipps und Anregungen an, falls Sie im Tandem nicht alles lösen können.

III. Die didaktische Relevanz der Unterrichtsmethode Freiarbeit

In letzter Zeit wird von Skeptikern immer wieder die Frage aufgeworfen, ob Freiarbeit wirklich eine sinnvolle Form des Unterrichts mit didaktischer Relevanz darstellt oder ob sie eher als momentane Modeerscheinung aufzufassen ist, die im Laufe der Zeit aus der aktuellen Diskussion verschwindet. Wenn man Freiarbeit in der Schulpraxis einsetzen möchte, dann muss man diesen Einsatz auch begründen und rechtfertigen können. Einen solchen Rechtfertigungszusammenhang stellt dieses III. Kapitel dar.

1. Freiarbeit im Unterricht: Modeerscheinung oder didaktische Entscheidung?

Schule ist eine durch die Gesellschaft eingerichtete Institution. Sie verfolgt das Ziel, bei Schülern durch geplanten Unterricht Lernprozesse in Gang zu setzen, die wiederum zu Erziehungs- und Bildungsprozessen führen. Um Unterricht planbar zu machen, haben sich verschiedene Formen der äußeren und inneren Gestaltung und Organisation des Unterrichtsgeschehens herausgebildet. Zur äußeren Gestaltung des Unterrichts gehört die Einteilung in Fächer, die 45-Min.-Stunde, verbindliche Unterrichtsstoffe usw.. Zur inneren gehört z.B. die methodische und didaktische Aufbereitung der einzelnen Inhalte. Diese innere und äußere Gestaltung von Unterricht kann aber nur gelingen, wenn unterrichtliche Maßnahmen eine didaktische Einbettung erfahren. Ist dies nicht der Fall, dann können sich einzelne methodische Konzepte verselbständigen, Unterricht wird zum Schein und der Ruf nach der Didaktik wieder lauter. Um die Frage zu klären, ob Freiarbeit eine reine Modeerscheinung ist oder ob sie sich didaktisch einbetten lässt, muss zunächst einmal geklärt werden, was unter Didaktik zu verstehen ist und wie das Verhältnis zur Methodik zu interpretieren ist.

Theodor Schulze (vgl. Adl-Amini/ Schulze/ Terhart 1993) beschreibt Methodik als die Beschäftigung mit methodischen Fragen als einem speziellen Bereich einer allgemeinen Didaktik.

Die Theorie des Unterrichts wird dabei als Strukturtheorie dargestellt, die zwischen Bedingungs- und Entscheidungsfeldern unterscheidet. Eines dieser Entscheidungsfelder ist das Feld der Methodik. Die Methoden werden dem Bereich der Entscheidungsfelder zugewiesen, weil der Lehrer methodische

Entscheidungen bei der Vorbereitung des Unterrichts zu treffen hat (z.B. nach dem Berliner Modell).

Die Didaktik als Theorie des Unterrichts ist konzipiert im Hinblick auf die unterrichtliche Tätigkeit von Lehrenden, auf die Vorbereitung, Planung und nachbesinnende Analyse von Unterricht. Zwischen all diesen Bereichen herrscht das Prinzip der Interdependenz. So gesehen ist die Methodik ein Bestandteil der Didaktik, da sie eine didaktische Entscheidung darstellt und in bezug zu anderen didaktischen Entscheidungen gesehen werden muss.

Erich Weniger (vgl. Adl-Amini/ Schulze/ Terhart 1993) unterscheidet zwischen einer Didaktik im engeren Sinn, worunter er vor allem die Theorie der Bildungsinhalte und des Lehrplans sieht und einer Didaktik im weiteren Sinn, worunter er die Methodik des Unterrichts und der Schularbeit versteht. Weniger geht also in seiner Definition über die Einordnung von Methodik als Entscheidungsfeld, wie sie die Berliner Schule vornimmt, hinaus. Wenn Weniger vom Primat der Didaktik spricht, dann bezieht sich dies auf das Verhältnis von Didaktik im Sinne einer Lehrplantheorie zur Methodik im Sinne einer Theorie des unterrichtlichen Handelns. Das heißt konkret, dass die Lehrperson immer in einem Rahmen handelt, der in gewisser Weise vorgegeben ist und deren Erfüllung Aufgabe der einzelnen Lehrkräfte ist.

In jüngster Zeit werden immer wieder Entwicklungen bekannt, die der Methodik mehr als nur einen untergeordneten Stellenwert unter der Didaktik einräumen wollen; eine Methodik, die unabhängig betrachtet werden kann. Dies scheint besonders dort notwendig, wo die Einführung einer Unterrichtsmethode auf Widerstände stößt, und ihre Handhabung einen längerfristigen Planungs- und Einübungsprozess erfordert. Hier wird Methodik nicht nur als Theorie des Unterrichtens verstanden, da die hier gemeinten Unterrichtsmethoden nicht mehr nur Wege zum Ziel darstellen, sondern selbst zum Ziel des Unterrichts werden können (vgl. Adl-Amini/ Schulze/ Terhart 1993).

Adl-Amini (vgl. Adl-Amini 1994) hat diesen Sachverhalt in seinem Drei-Ebenen-Modell auf der zweiten Ebene angesiedelt. Auf dieser Ebene wurde ja auch Freiarbeit eingeordnet, so dass durchaus gesagt werden kann, dass die Methode Freiarbeit von ihrer Struktur her didaktische Überlegungen und Entscheidungen voraussetzt und nach sich zieht. So kann die Fähigkeit zur Selbstbestimmung nur durch Erfahrungen mit Situationen erworben werden, die auch Selbstbestimmung enthalten. Freiarbeit ist eine Möglichkeit, solche Kompetenzen anzubahnen. Freiarbeit wird hier nicht nur als methodische Dimension wichtig, sondern sie stellt im didaktischen Zusammenhang eine entscheidende Lernhilfe im Rahmen von Unterrichtsprozessen dar, in denen die Schüler ihre Lernprozesse selbst organisieren und hierbei ernstgenommen werden. Insofern wird hier deutlich, dass die Entscheidung für Freiarbeit eine durch und durch didaktische Entscheidung darstellt.

Die stärkere Betonung der Methodik hängt damit zusammen, dass Innovationen des Lehrens und Lernens sich vor allem auf methodische Fragen beziehen, inhaltliche Fragen treten meist in den Hintergrund.

Warum nimmt das Interesse an Methoden, die neue Lernprozesse organisieren sollen, immer mehr zu?

Eine Antwort bietet sicher die Kritik am bisher in der Schule praktizierten Methodenrepertoire. Hier kann eindeutig von einer Methodeneinfalt, statt einer -vielfalt gesprochen werden (vgl. Hage 1985). Forderungen nach dem Einsatz neuer, vor allem offener Unterrichtsmethoden werden laut.

Erich Weniger fordert bereits den „rechten Gebrauch" der Methoden in Freiheit und pädagogischer Verantwortlichkeit. „Die Freiheit unseres methodischen Handelns gewinnen wir, indem wir die Bedingungen für das jeweilige methodische Handeln erkennen, die Voraussetzungen, unter denen die zur Wahl gestellten Methoden gelten, die Möglichkeiten, die mit dieser oder jener Methode mitgegeben sind, die ihr notwendig zugeordneten Grenzen, also um die ihr innewohnende Reichweite, schließlich auch um die Schwächen, die ihr anhaften, die Einseitigkeiten, die mit der Wahl jeweils einer Methode unvermeidlich sind. So erkennen wir auch die notwendigen Ergänzungen." (Adl-Amini/ Schulze/ Terhart 1993, S. 190)

Ein letzter Punkt zur Klärung der Bedeutsamkeit der Methodenfrage besteht sicher darin, dass die Schüler Wert auf Methoden legen und häufig Unterricht nach den eingesetzten Methoden bewerten.

Insgesamt lässt sich sagen, dass unterrichtsmethodische Theorien nur innerhalb allgemein-didaktischer Fragestellungen geklärt werden können. Es besteht ein Zusammenhang zu Zielen, Inhalten und anderen organisatorischen Fragen. So hängen z. B. Ziele und Methoden zusammen. Bestimmte Ziele erfordern bestimmte Methoden, außerdem bestehen zwischen der vorgenommenen Zielerreichung und der dafür einzusetzenden Methode Beziehungen. Auch zwischen den Inhalten und Methoden bestehen Beziehungen. Methode muss Inhalt so darbieten, dass sich der Lernende mit diesem Inhalt auseinandersetzt. Viele Inhalte setzen bereits eine bestimmte Methode voraus.

Unterrichtsmethodisches Handeln ist abhängig von der methodischen Handlungskompetenz. Diese Kompetenz stellt das methodische Konstrukt dar, das hinter dem methodischen Handeln liegt und erst eine situationsangemessene Reaktion ermöglicht. Der Erwerb dieser Kompetenz hängt ab von methodischem Theoriewissen. Dieses muss weiterentwickelt werden. Methodisches Wissen hilft, die eigene Praxis zu verbessern, um das methodische Handeln in der jeweiligen Situation rechtfertigen zu können.

Methodische Überlegungen gehören in den didaktischen Zusammenhang, deshalb muss auch für den Bereich der methodischen Strukturierung ein Begründungszusammenhang entwickelt werden, der dem Praktiker eine pädagogische Legitimation und eine Sicherheit gegenüber den prozessualen Strukturen des Unterrichts ermöglicht. Um didaktische Entscheidungen hinsichtlich der Gegenwarts- und Zukunftsbedeutung der Schüler zu treffen, sind die Handlungsmöglichkeiten ebenso wichtig wie die Thematik oder die Zielsetzung, um eine bildungswirksame Sachbegegnung und soziale Erfahrungen zu ermöglichen.

Ob die Handlungsmöglichkeiten durch ihre Rechtfertigung erfolgreich sind, lässt sich natürlich nicht sagen, aber wahrscheinlicher wird der Erfolg durch ein reflektiertes unterrichtsmethodisches Arrangement. Unterrichtsmethodik muss also im Rahmen des didaktischen Zusammenhangs legitimiert werden. Auf Freiarbeit bezogen bedeutet dies, dass es sich bei der Entscheidung für die Unterrichtsmethode um eine bewusst vorgenommene didaktische Entscheidung handelt, deren Einsatzmöglichkeiten genauestens reflektiert wurden.

Arbeitsaufgabe:
Sie überlegen sich oder haben sich bereits entschieden, die Unterrichtsmethode Freiarbeit in Ihrem Unterricht umzusetzen. Sicher gehen Ihnen dabei viele didaktische Überlegungen durch den Kopf. Um diese für sich ordnen und strukturieren zu können, hilft Ihnen die folgende Aufgabe.
Stellen Sie sich vor, Sie sind Richter und müssen für sich abwägen, ob eher Ihre Hoffnungen oder Ihre Befürchtungen gegenüber der Unterrichtsmethode Freiarbeit überwiegen. Danach erst können Sie die didaktische Entscheidung für oder gegen Freiarbeit und auch die Frage, in welcher Art Sie Freiarbeit umsetzen wollen, beantworten.
Im folgenden können Sie verschiedene Äußerungen zu Freiarbeit lesen.
Entscheiden Sie, welchen der Äußerungen Sie zustimmen können. Kennzeichnen Sie diese Äußerungen mit einem blauen Punkt.
Alle Äußerungen, denen Sie zustimmen können und die für Sie eher hoffnungsvoll klingen, kennzeichnen sie mit einem grünen Punkt.
Alle Äußerungen, denen Sie zustimmen können, die Sie aber eher als Befürchtung einstufen, kennzeichnen Sie bitte mit einem roten Punkt.

Werfen Sie nun die grün gekennzeichneten Äußerungen (Nr. der Äußerung genügt) in die rechte Waagschale, die roten in die linke Waagschale.
  Betrachten Sie nun Ihre Waage. Wenn die rechte Waagschale schwerer wiegt, dann machen Sie sich frohgelaunt weiter auf in Richtung Freiarbeit. Überwiegen die Befürchtungen, dann lassen Sie sich nicht entmutigen. Überlegen Sie sich, warum Sie Freiarbeit eher ängstlich gegenüber stehen und versuchen Sie, diesen Ängsten nachzugehen. Vielleicht kann hier auch wieder ein Tandempartner helfen. Lesen Sie auch weiter in diesem Buch und machen Sie selbst erste Freiarbeitserfahrungen, überprüfen Sie dann nochmals Ihre Waagschale.
  In der Freiarbeit...

Nr. 1	Nr. 2
Komme ich mit dem vorgesehenen Stoff nicht mehr durch	Können meine Schülerinnen und Schüler individuell lernen
Nr. 3	Nr. 4
Kann ich differenzierte Aufgaben stellen	Kann ich meine S. besser beobachten und ihre Probleme erkennen

Nr. 5 Entgleitet mir die Kontrolle über meine S.	Nr. 6 Kann ich meine S. motivieren
Nr. 7 Verlieren die S. die Lust am Lernen	Nr. 8 Lernen meine S. gerne
Nr. 9 Bin ich mit meinen häuslichen Vorbereitungen überfordert	Nr. 10 Habe ich auch mal etwas mehr Ruhe in einer Stunde
Nr. 11 Werde ich den Lernvorstellungen der S. eher gerecht	Nr. 12 Entspreche ich den Forderungen des Bildungsplans
Nr. 13 Liege ich im Trend der Zeit	Nr. 14 Nimmt die Lautstärke in meiner Klasse zu
Nr. 15 Entziehen sich die S. meiner Aufsicht und Kontrolle	Nr. 16 Werden die Schwachen noch schwächer, die Starken noch stärker
Nr. 17 Werden nur die Schwachen unterstützt	Nr. 18 Werden nur die Starken unterstützt
Nr. 19 Bin ich im Unterricht mehr gefordert	Nr. 20 Werde ich im Kollegium isoliert
Nr. 21 Gewinne ich an Ansehen bei S. und Kollegen	Nr. 22 Entspreche ich meinen Vorstellungen schulischen Lernens
Nr. 23 Habe ich im Unterricht ein gutes Gefühl	Nr. 24 Gehe ich wieder gerne in die Schule
Nr. 25 Sehe ich eher einen Sinn in meinem Beruf	Nr. 26 Fühle ich mich in meiner Lehrerrolle unwohl
Nr. 27 Frage ich mich, ob FA das Richtige für meine S. ist	Nr. 28 Komme ich mir im Unterricht überflüssig vor
Nr. 29 Ersticke ich mich und meine S. in Materialien	Nr. 30 Gebe ich zu viel Geld für Materialien aus

2. Die Methode Freiarbeit im Gesamtkontext des Unterrichts

Die Auffassung von Freiarbeit als Unterrichtsmethode macht es notwendig, diese in den gesamten Unterricht einzugliedern. Freiarbeit darf sich nicht vom anderen Unterricht abgrenzen, sondern muss sich dazu einpassen lassen. Da Freiarbeit aber eine relativ komplexe Methode ist, kann sie nicht wie viele andere Methoden oder auch wie die Sozialfomen, einfach in eine Stunde integriert werden. Sie benötigt ihren eigenen Bestandteil an Unterrichtszeit, muss aber Verbindungen zu anderen Formen des Unterrichts haben. So kann Freiarbeit zu einem integrierenden Bestandteil von Unterricht werden.

Aller Unterricht ist an den Erziehungs- und Bildungsauftrag gebunden. Diesem Auftrag liegen ganz bestimmte Ziele zugrunde, durch die Schüler zu selbstbestimmenden, mitbestimmenden und solidaritätsfähigen Menschen „gebildet" werden sollen. Das oberste Ziel sind Persönlichkeiten, die mündig und demokratiefähig in unserer Gesellschaft auftreten können.

Um diese Ziele im Unterricht verwirklichen zu können, werden ihm bestimmte didaktische Prinzipien zugrunde gelegt. Es handelt sich um Prinzipien wie Selbsttätigkeit, Offenheit und Individualisierung. Diesen Prinzipien muss Unterricht gerecht werden können bzw. bei didaktischen Entscheidungen müssen diese Prinzipien berücksichtigt werden, und zwar bei allen didaktischen Entscheidungen. Das Prinzip der Offenheit ist eine Einstellung, die zum professionellen Handeln einer Lehrkraft gehört. Der Respekt vor dem Kinde und seinem Tun muss vorhanden sein. Offenheit als pädagogische Grundhaltung meint die Offenheit gegenüber den Kindern, ihren Interessen, Produkten, Ausdrucksformen, aber auch gegenüber ihrem Denken und ihren Emotionen. Gemeint ist aber auch die Offenheit gegenüber den Entwicklungen außerhalb der Schule, den gesellschaftlichen Prozessen, die ja ebenfalls das Aufwachsen der Kinder beeinflussen. Diese Offenheit ist wichtig, um Kinder verstehen zu können. Zum dritten ist Offenheit notwendig gegenüber neuen pädagogischen Entwicklungen, Ideen, methodischen Neuerungen. Sie müssen Eingang finden in die Schulpraxis.

Unterricht ist gekennzeichnet durch Lehr- und Lernprozesse. Diese können aber unterschiedlich gestaltet werden. Durch die historische Entwicklung lassen sich vor allem zwei Bereiche des Lernens unterscheiden, die hier wertneutral dargestellt werden;

1. Überwiegend angeleitetes Lernen: Dies bedeutet, dass vor allem der Lehrer die einzelnen Lernprozesse in Gang setzt, dadurch, dass er die Schüler zum Lernen anleitet. Angeleitetes Lernen geht zurück auf die Formalstufenkonzepte von Herbart, Ziller, Rein und andere oder auf den Erlebnisunterricht von Gansberg und Scharrelmann.

Auch diesen Unterrichtsbereichen liegen die didaktischen Prinzipien zugrunde, Lehrende und Lernende müssen offen sein für neue Methoden, für die Zukunft der Kinder, für das Lernen außerhalb der Schule, füreinander, für Fragestellungen usw.. Auch hier muss das einzelne Kind in seiner Individualität angenommen sein und die Schüler sollen zum selbsttätigen Lernen geführt werden.

Angeleitetes Lernen wird im Unterricht durch verschiedene Methoden ermöglicht. So stellen Methoden des darbietenden (Lehrervortrag, Rollenspiel, Schülerreferat usw.), des entwickelnden (fragend-entwickelndes Unterrichtsgespräch) oder des aufgebenden Unterrichts (Hausaufgaben, Stillarbeit usw.) Möglichkeiten dar, angeleitetes Lernen in Gang zu setzen. Der Schwerpunkt liegt hierbei darauf, dass die Lehrperson die Art und Weise des Lernens durch ihre Anleitung bestimmt.

2. Überwiegend selbstorganisiertes Lernen: Dies bedeutet, dass die Organisation des Lernens in die Hand der Schüler gelegt wird und sie diese Organisation eigenverantwortlich durchführen. Die Lehrperson übernimmt mehr die Funktion des Helfers, Beraters und Beobachters. Selbstorganisiertes (selbstgesteuertes) Lernen geht historisch vor allem zurück auf Hugo Gaudigs Methode der freien geistigen Tätigkeit und z.B. auf das Konzept von Helen Parkhurst, den Dalton-Plan.

Selbstorganisiertes Lernen lässt sich in der Schule ebenfalls durch verschiedene Methoden realisieren. Hierzu gehören z.B. die Wochenplanarbeit, projektorientiertes Lernen und auch die Freiarbeit. Beim selbstorganisierten Lernen liegt der Schwerpunkt auf den Lernprozessen der Schüler, die durch eigenes Entscheiden und Planen zustande kommen sollen.

Selbstorganisiertes Lernen wird in diesem Zusammenhang als der Bereich verstanden, in dem eine Person in der Lage ist, sich selbst zu motivieren und ihr eigenes Lernen zu planen, zu steuern und zu kontrollieren. Dem Lernenden wird dabei eine Autonomie unterstellt, die sich auf verschiedene Aspekte des Lernens beziehen kann. Durch Lehre und Anleitung können solche Lernprozesse gestützt werden.

Selbstgesteuerte Lerner können die Initiative ergreifen, um mit oder ohne die Hilfe anderer ihren Lernbedarf festzustellen, ihre Lernziele zu formulieren, angemessene Lernstrategien auszuwählen und auch ihre Lernergebnisse zu beurteilen und zu reflektieren.

Folgende Phasen sind notwendig, um selbstgesteuertes Lernen zu ermöglichen:
1. Abwägen: Beim Lerner wird eine Zielintention ausgebildet.
2. Handlung wird geplant: Handlungswege werden überlegt und geplant.
3. Handeln: Das Ziel soll realisiert werden, Probleme werden erkannt und gegebenenfalls gelöst.
4. Bewerten: Handlungsergebnisse werden bewertet und eventuell modifiziert, Folgen werden beurteilt.

Im Rahmen dieser vier Phasen müssen zwei Lernleistungen vollbracht werden:
- Lernorganisation: Entscheidung über Lernzeitpunkt, Ort, Materialien, Lernpartner usw.
- Lernkoordination: Das Lernvorhaben muss mit andern Lebensanforderungen abgestimmt werden, Lernen muss gegen Störungen und alternative Handlungswünsche abgeschirmt werden.

Eine Reinform des selbstgesteuerten oder selbstbestimmten Lernens (Synonyme) gibt es kaum, sondern überwiegend treten Mischformen von Selbst- und Fremdsteuerung auf.

Freiarbeit kann nun eine Methode neben anderen sein, durch die selbstorganisiertes Lernen in der Schulpraxis realisiert werden kann. Allerdings muss dieses Lernen als Prozess verstanden werden. Zunächst einmal muss den Schülern deutlich werden, dass sie ihren Interessen gemäß lernen können. Dies geht nur langsam, da in der Schule Informationen nur reproduktiv angeeignet werden, nämlich dann, wenn dies durch äußere Anweisungen notwendig wird. Ein inneres Bedürfnis zum Lernen muss erst langsam entwickelt werden. Schüler machen sich zunächst auch wenig Gedanken über Lernziele. Sie lernen das, was sie eben lernen müssen. Auch hier muss langsam ein eigenes Denken über mögliche Ziele einsetzen. Um selbstorganisiert lernen zu können, benötigen die Lernenden Methoden und Arbeitstechniken, über die sie nicht selbstverständlich verfügen, sondern die ihnen nach und nach vermittelt werden müssen. Dabei muss dann aber auch berücksichtigt werden, dass selbstorganisiertes Lernen nur ein Bestandteil von Unterricht ist, die anderen Bestandteile müssen ebenfalls ihre Berücksichtigung finden. Beide hier dargestellten Teile machen zusammen den Unterricht aus, sie sollten sich ungefähr im Gleichgewicht halten. Im Moment gehen die Forderungen vor allem in Richtung selbstorganisierten Lernens, dies geschieht aber nicht, weil diese die bessere Form des Lernens darstellt, sondern weil es sich um die in der Praxis meist vernachlässigte Form handelt.

Beide Bestandteile von Unterricht lassen sich natürlich auch nicht so trennen, wie dies hier in der Beschreibung geschah, sondern sie gehen fließend ineinander über. Genau hier muss auch mit der Methode Freiarbeit angesetzt werden. Fließende Übergänge zwischen Freiarbeit und anderen Formen des Lernens müssen geschaffen werden, und zwar zwischen den Formen innerhalb des selbstgesteuerten Lernens und auch zwischen den Formen selbstgesteuerten und angeleiteten Lernens. So können sowohl fächerverbindende als auch projektorientierte Vorhaben in die Freiarbeit integriert werden und auch Inhalte aufgenommen werden, die durch angeleitetes Lernen vermittelt wurden.

Nur in einem Zusammenspiel der verschiedenen Aspekte des Lernens lässt sich das hohe Ziel des Unterrichts, Mündigkeit, Handlungsfähigkeit, Demokratiefähigkeit usw. zu vermitteln, verwirklichen. Diese Ziele stellen so komplexe Anforderungen an Unterricht, dass sie nur erfüllt werden können, wenn alle didaktisch zu rechtfertigenden Möglichkeiten sinnvoll ausgenutzt werden können. Dazu gehört sicher ein Zusammenwirken von angeleiteten und selbstorganisierten Lernformen.

Ordnet man Freiarbeit hier als eine Verwirklichungsmethode selbstgesteuerten Lernens ein, dann verdeutlicht sich ihr Stellenwert im Gesamtunterricht der Schule: Sie wird zu einem wichtigen Bestandteil von Unterricht, der das Ziel des mündigen Bürgers verfolgt. Sie stellt aber nicht den einzigen Bestandteil dar, sondern muss durch andere ergänzt werden. Eine Ergänzung erfährt sie sowohl durch andere Formen selbstorganisierten Lernens als auch durch Formen angeleiteten Lernens. Nur in der Ergänzung können die genannten Zielsetzungen erreicht werden. Somit wird deutlich, dass Freiarbeit keine Modeerscheinung, aber auch kein Allheilmittel für unser Schulsystem darstellt, sondern als ein Prozess verstanden werden muss, durch den in Mitwirkung mit anderen Formen schulische Zielsetzungen erreicht werden können.

In der Literatur werden häufig statt der Begriffe angeleitetes und selbstorganisiertes Lernen die Begrifflichkeiten offener versus geschlossener Unterricht verwendet. Ich halte diese Unterscheidung für weniger hilfreich, da sowohl dem „offenen" als auch dem „geschlossenen" Unterricht die oben beschriebenen didaktischen Prinzipien zugrunde liegen. Auch „geschlossener Unterricht" muss offen sein gegenüber Fragestellungen, dem Lernen außerhalb der Schule, neuen Entwicklungen usw.. Außerdem wird der Begriff "offener Unterricht" eigentlich nirgends hinreichend definiert. Der Begriff wird häufig als Slogan verwendet, der als Provokation verstanden werden kann und gleichzeitig Kritik am stark geplanten Unterricht übt. Durch den Begriff des Offenen Unterrichts können Diskussionen in Gang gesetzt werden.

Die vorhandenen Definitionen weisen meist keine Trennschärfe zwischen den einzelnen Unterrichtskonzepten auf, viele verschiedene Formen werden unter dem Begriff des „offenen Unterrichts" zusammengefasst. Mit der Begrifflichkeit des „offenen Unterrichts" kann aber nur dann etwas angefangen werden, wenn er sich zu anderen Begriffen abgrenzen lässt. Bevor solche Begrifflichkeiten verwendet werden, müssen sie von der Didaktik hinreichend geklärt werden. Da dies meinem Verständnis nach nicht geleistet wird, sondern meist bei einer Merkmalsbeschreibung stehen geblieben wird, verzichte ich hier auf die Begriffe des „offenen versus geschlossenen" Unterricht. Wenn man Unterricht beschreiben und auf die verschiedenen Konzepte von Unterricht eingehen möchte, dann halte ich die Bezeichnungen angeleitetes und selbstorganisiertes Lernen für die besseren Begriffe. Sie drücken das aus, was mit den unterschiedlichen Konzepten auch gemeint ist: Auf der einen Seite steht die Anleitung durch die Lehrperson im Vordergrund, auf der anderen Seite die Selbstorganisation durch die Schüler. Dabei ist wichtig, dass diese beiden Aspekte die Pole eines gemeinsamen Ganzen darstellen. Es muss jeweils didaktisch entschieden werden, wann eher angeleitete Lernformen und wann eher selbstorganisierte Lernformen für die Bewältigung bestimmter Lerninhalte angemessen zu sein scheinen. Sowohl angeleitete als auch selbstorganisierte Lernformen bieten dann verschiedene Methoden an, für deren jeweiligen Einsatz es wieder einer didaktischen Entscheidung bedarf. Außerdem gibt es auch viele Methoden, die fließende Übergänge zwischen den beiden Polen darstellen.

Auf die Unterrichtsmethode Freiarbeit bezogen bedeutet dies:

Freiarbeit wird hier also nicht verstanden als eine Möglichkeit, den gesamten Unterricht umzukrempeln und durch reformpädagogische Konzeptionen im Sinne Offenen Unterrichts zu ersetzen, sondern den alltäglichen Unterricht zu ergänzen, um selbstorganisiertes Lernen zu ermöglichen. So können z. B. eine oder mehrere Stunden in der Woche der Freiarbeit vorbehalten bleiben, während die andere Unterrichtszeit nach mehr oder weniger lehrzentrierten oder schülerorientierten Prinzipien abläuft oder andere Formen selbstorganisierten Lernens eingesetzt werden

Möglichkeiten der Unterrichtsgestaltung

Didaktische Prinzipien
1. Selbsttätigkeit
2. Offenheit
3. Individualisierung

Angeleitetes Lernen — **Unterrichtskonzepte** — **Selbstorganisiertes Lernen**

Formalstufenkonzepte
(Herbart, Ziller, Rein...)

Erlebnisunterricht
(Gansberg, Scharrelmann)

Methode der freien geistigen Arbeit
(Gaudig)
Daltonplan
(Helen Parkhurst)

Darbietender entwickelnder aufgebender Unterricht — **Unterrichtsformen** — **Wochenplan Freiarbeit Projektorientiertes Lernen**

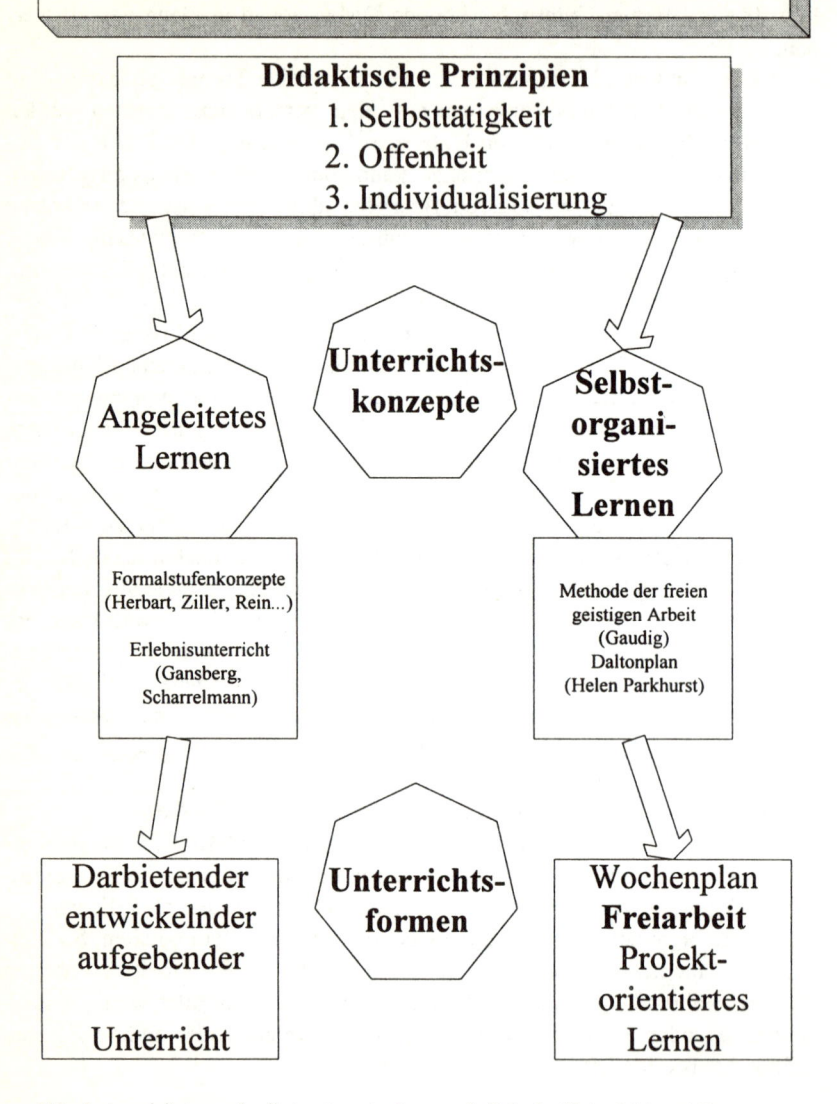

Abb. 4: Angeleitetes und selbstgesteuertes Lernen als Pole der Unterrichtsgestaltung

3. Legitimation der Unterrichtsmethode Freiarbeit

Da es sich beim Einsatz von Freiarbeit um didaktische Entscheidungen handelt, können zunächst einmal allgemeine pädagogische Zielsetzungen für Schule und Unterricht als Begründungen herangezogen werden. Zum anderen liefert dann die jeweilige spezifische Situation (einzelne Klasse, Stundenplan, Lehrervoraussetzungen) einen engeren Begründungszusammenhang. Es ist Aufgabe der Lehrer, einen allgemeinen und auch den besonderen Begründungszusammenhang herzustellen. Während spezifische Begründungen auch sehr schnell variieren und wirklich von Situation zu Situation anders aussehen können, deshalb nur von den einzelnen Lehrkräften bezogen auf ihre konkreten Lehr- und Lernsituationen dargestellt werden können, bleiben allgemeine Begründungen in der Regel in den Bereichen der pädagogischen und didaktischen Theorien, in gesetzlichen Aufträgen und in administrativen Vorgaben.

Auch hier möchte ich auf eine ausführliche Darstellung des Begründungszusammenhangs an anderer Stelle verweisen (vgl. Traub 1997). Der Vollständigkeit dieses Kapitels wegen wird hier eine leicht variierte Kurzzusammenfassung gegeben.

3.1. Bildungspolitische Begründung

Aufgrund des im Moment vorherrschenden schnellen Wandels, dem unser Wissen unterworfen ist, werden zunehmend Forderungen nach Bereichen des „Lernen lernens" laut. Dazu gehören auch Qualifikationen wie Teamfähigkeit, Fähigkeit zur Informationsbeschaffung, Methodenkompetenz, Selbständigkeit usw.. Diese werden als sogenannte Schlüsselqualifikationen vermehrt zur Begründung von freien Arbeitsformen herangezogen. „Schlüsselqualifikationen sind erwerbbare allgemeine Fähigkeiten, Einstellungen und Strategien, die bei der Lösung von Problemen und beim Erwerb neuer Kompetenzen in möglichst vielen Inhaltsbereichen von Nutzen sind. Sie sind nicht auf direktem Wege zu erwerben, z.B. in Form eines eigenen fachlichen Lernangebots; sie müssen vielmehr in Verbindung mit fachlichem und überfachlichem Lernen aufgebaut werden." (vgl. Bildungskommission NRW 1995). Auch Freiarbeit bietet sich natürlich an, um solche Qualifikationen zu erwerben. Im Bildungsplan der Realschule für Baden-Württemberg taucht der Begriff der freien Arbeit auch in diesem Zusammenhang auf. „Darbietende und fragend-entwickelnde Verfahren gehören ebenso dazu (um diese Qualifikationen zu erwerben, S.T.) wie handlungsorientierte Lernsituationen. Schülerinnen und Schüler lernen eine Vielzahl von Arbeitsweisen, die ein hohes Maß an Leistungsbereitschaft, Selbständigkeit und Kooperationsfähigkeit und Verantwortungsbewusstsein fördern. Dazu eignen sich insbesondere Formen der freien Arbeit, Gruppenarbeit und Projektunterricht."(Ministerium für Kultus und Sport 1994, S. 11). Schlüsselqualifikationen sind Forderungen, die aus der Wirtschaft an unser Schulsystem herangetragen und von diesem übernommen werden. Es handelt sich bei der Beschreibung um relativ abstrakte Formulierungen, da diese Forderungen über längere Zeiträume hinweg Bedeutung haben sollen und deshalb allgemeingültig formuliert werden. Schlüsselqualifikationen können nicht alleine in der Schule vermittelt werden. Hier können höchstens Grundlagen geschaffen werden, die dann in weiteren Bildungsprozessen , vor allem auch im Erwerbsleben, weiter ausgebaut werden können.

So aufgefasst sind wirtschaftliche und bildungspolitische Begründungen sicher sehr wichtig, um diese Zielsetzung zu erreichen und damit international konkurrenzfähig zu bleiben. Freiarbeit kann ein Konzept darstellen, um solche Voraussetzungen ansatzweise zu erwerben. Hier übernehmen Schüler Verantwortung für ihre Arbeit, versuchen sich mit verschiedenen Lösungswegen, üben sich in Teamarbeit und lernen, sich an Regeln zu halten. Sie lernen also Bereiche kennen, die zu selbstverantwortlichem Arbeiten führen und gleichzeitig in sozialen Prozessen stattfinden. Bei diesem Begründungszusammenhang sollte aber auch immer beachtet werden, dass Freiarbeit sich nicht von der Wirtschaft und ihren Forderungen vereinnahmen lässt. Diese Forderungen sind eben auch für die Persönlichkeitsentwicklung des jungen Menschen wichtig, und so sollten sie auch primär aufgefasst werden, Eingliederung in die Gesellschaft und wirtschaftliche Nützlichkeit können dann als Sekundärüberlegungen hinzukommen.

3.2. Begründungen und Zielsetzungen aufgrund des gesellschaftlichen Wandels

Gesellschaftliche Veränderungen wirken sich auch auf die Schule und deren Bildungsverständnis bzw. den Stellenwert von Bildung aus. Wir leben in einer stark pluralisierten Gesellschaft, die es den Menschen schwer macht, sich zurechtzufinden und häufig zu Orientierungslosigkeit führen kann. Werte sind anders bestimmt und erhalten neue Bedeutungen. Es wird zunehmend schwieriger, sich zwischen den einzelnen Werten zu entscheiden, um sein Leben sinnvoll gestalten zu können. Mit der zunehmenden Pluralisierung gehen auch Veränderungen der gesellschaftlichen Lebensformen einher.

Familien- und Jugendstrukturen haben sich verändert und damit auch Lebensstile und soziale Beziehungen. Die Bedeutung der Familie für die Jugendlichen wird geringer, die der peer-groups immer größer. Damit verbunden sind gleichzeitig mehr Chancen zum Führen eines selbstbestimmten Lebens, aber auch die Gefahr, sich zu verlieren, weil einem keiner mehr sagt, wo es langgeht. Erwachsene haben immer weniger Zeit, sich um die Belange der Jugendlichen zu kümmern, so dass diese sich bei ihren Altersgenossen orientieren müssen. Neben der Veränderung im eher privaten Bereich nimmt auch die Veränderung in anderen Lebensbereichen zu, z.B. in der Medienwelt, wo neue Technologien ganz neue Dimensionen aufzeigen und der Medieneinfluss auch stark das Meinungsbild der Jugendlichen beeinflusst. Diese haben wiederum Auswirkungen auf die Struktur von Arbeit und Wirtschaft. Weniger Fachwissen wird dort gefordert als das Wissen, wie man sich Wissen aneignet. Auch ist die Zeit der Vollbeschäftigung längst vorbei, eine gute Schulbildung ist nicht mehr mit einem guten Beruf gleichzusetzen.

Ökologische Fragen wie Umweltprobleme und Umweltbewusstsein weiten sich zu globalen Problemen aus, denen die Menschen meist hoffnungslos gegenüberstehen. Lösungen sind schwer zu finden und noch schwerer durchzuführen.

Bevölkerungsentwicklungen und Migrationen bringen neue gesellschaftliche Probleme ins Spiel, die sich international ausweiten und Auswirkungen auf alle Lebensbereiche haben.

Häufig wird in diesem Zusammenhang von der „veränderten Kindheit" gesprochen. Die Kindheit unserer Gesellschaft hat sich verändert, deshalb muss sich auch die Schule ändern, um angemessen reagieren zu können. Es werden neue methodisch-didaktische Modelle entwickelt, die diese Veränderungen kompensieren sollen (vgl. Bildungskommission NRW 1995).

Freiarbeit kann einen Beitrag dazu leisten, wie Schule auf die veränderten Bedingungen reagieren kann: In der Freiarbeit können Schüler Primärerfahrungen machen durch kleinere Experimente, durch Finden eigener Lösungswege, durch die Übernahme von Verantwortung usw..

Auch soziale Verhaltensweisen lassen sich in der Freiarbeit gut einüben. Das Halten an Regeln, die bewusste Entscheidung für einen Partner, die Zusammenarbeit einer Gruppe, aber auch soziale Lernspiele tragen dazu bei, dass sich Schüler sozial verhalten müssen. In diesen Bereichen spielt das gegenseitige Helfen und Erklären eine wichtige und zentrale Rolle.

Eigenständiges Denken und Handeln wird in der Freiarbeit dadurch ermöglicht, dass die Schüler ihre Lernprozesse selbst strukturieren, Lernwege eigenständig angehen und ihre Ergebnisse selbständig darstellen. Auch die bewusste Entscheidung für ein bestimmtes Material und die eingeteilte Zeit fällt in diesen Bereich.

Allerdings kann Freiarbeit nicht die einzige Reaktion der Schule auf die veränderten Lebensverhältnisse sein, sondern nur einen kleinen Beitrag neben anderen leisten.

3.3. Lerntheoretische Begründungen und Zielsetzungen

Auch lerntheoretische Gründe spielen eine wichtige Rolle für den Einsatz von Freiarbeit in der Schulpraxis. Untersuchungen haben gezeigt, dass sehr viel lehrerzentriert im Frontalunterricht (über 80 %) unterrichtet wird und Lernen dadurch kaum richtig realisiert werden kann (vgl. Hage 1985). Außerdem orientiert sich ein solcher Unterricht nur am Durchschnitt, wodurch viele Kinder Lernprozesse nicht vollenden werden, andere nicht darüber hinaus geführt werden können. Selbstbestimmtes, selbstverantwortetes Lernen kann hier andere Lernmöglichkeiten eröffnen. Lernen wird hier als ein individueller Prozess verstanden. Die Lernenden müssen dazu befähigt werden, ihre Lernprozesse selbst in die Hand zu nehmen. Jeder muss die Möglichkeit erhalten, im Unterricht aufgenommene Inhalte individuell zu verarbeiten. Dazu benötigt er bestimmte organisatorische Rahmenbedingungen wie Raum, Zeit und die Möglichkeit, das Lernen selbst zu steuern (vgl. Konrad/ Traub 1999). Freiarbeit ist ein Konzept, das selbstbestimmtes und selbstverantwortetes Lernen möglich macht. Im Gegensatz zum Frontalunterricht können die Lernenden hier selbst bestimmen, was sie wie und in welcher Zeit lernen wollen.

Das Lernen zu lernen ist der Hintergrund der lerntheoretischen Begründung. Schüler müssen Möglichkeiten erhalten, ihren Lerntyp, ihre Lernstrategien, ihre Lern- und Arbeitstechniken herauszufinden, um ihr Lernen selbst in die Hand nehmen zu können. Für die Lehrenden bedeutet dies, dass sie immer weniger vorgeben müssen. Das Lernarrangement wird von Lehrenden und Lernenden gemeinsam festgelegt. „Schülerinnen und Schüler übernehmen zunehmend selbst die Verantwortung für ihren Lernprozess. Letztlich kommt es der Qualität des Lehrens und Lernens zugute, wenn der Lernende in seiner Vielfältigkeit angenommen wird. Dies kann aber nur gelingen, wenn differenzierende Maßnahmen ergriffen werden. Differenzierung bezieht sich auf sachbezogene, soziale und personzentrierte Lernprozesse." (Konrad/ Traub 1999, S. 25) Freiarbeit kann hier einen Bereich darstellen, innerhalb dessen es möglich ist, ein solches Lernarrangement anzubieten, dadurch dass sowohl individualisierend als auch differenzierend gelernt werden kann.

Daneben eröffnet Freie Arbeit aber auch soziale Lernprozesse. Die Schüler müssen sich mit anderen über Materialien, Spiele usw. abstimmen, sich Partner suchen, Regeln vereinbaren, Hilfe anbieten usw..
Durch die hohe Pluralität unserer Gesellschaft bringen die Kinder ganz unterschiedliche Voraussetzungen in die Schule mit. Im gemeinsamen Unterricht kann man nicht allen Kindern gerecht werden. Es bieten sich also differenzierende und individualisierende Maßnahmen an. Die lerntheoretische Begründung mit ihrer zweifachen Zielsetzung scheint mir doch sehr stichhaltig zu sein, Freiarbeit als eine Lösung in diese Richtung anzusehen. Auch hier muss Freiarbeit durch andere Maßnahmen ergänzt werden, damit Individualisierung und Differenzierung greifen können, aber durch Freiarbeit wird ein erster Schritt in diese Richtung unternommen.

3.4. Bildungstheoretische Begründungen und Zielsetzung

Obwohl naheliegend, wird von keiner mir bekannten Literatur eine bildungstheoretische Begründung für Freiarbeit gegeben. Schule wird als Bildungsinstitution verstanden, und alle Lehrer sind neben dem Erziehungsauftrag auch einem Bildungsauftrag verpflichtet, deshalb ist es wichtig, zu überlegen, welche Aufgabe Freiarbeit im bildungstheoretischen Sinn in der Schule haben kann und wie aus dieser Sicht Freiarbeit begründet werden kann.

Dazu möchte ich zunächst auf das klassische Bildungsverständnis des Neuhumanisten Wilhelm von Humboldt (1767-1835) eingehen. Ich halte es für notwendig, Humboldts Bildungstheorie kurz zu umreißen, da seine dort entwickelten Gedanken auch heutiges Gedankengut stark berühren und für die Gestaltung von Unterricht bedeutsam sind.

Nach Humboldt lebt der Mensch in einer Mannigfaltigkeit kultureller und sozialer Beziehungen, er ist in eine Fülle von Situationen hineingestellt, in denen er sich immer wieder entscheiden muss. Um solche Entscheidungen treffen zu können, benutzt der Mensch die in ihm wohnende Kraft, die nicht nur formal begriffen werden kann, sondern die sich auch inhaltlich und moralisch ausgestaltet und äußert. Jedes Individuum trägt eine Kraft in sich, die sich aber erst in der Auseinandersetzung mit der Welt entwickelt. Somit spricht Humboldt von einer Dialektik zwischen Individuum und Welt: Das Individuum braucht die Welt, um seine Kräfte entfalten zu können, die Welt braucht das Individuum, um gesellschaftliche Welt sein zu können. Dabei kann das Individuum sich selbst bestimmen, weil es im Sinne Kants ein moralisches Wesen ist, das auf seine innere Vernunft baut, um verantwortungsvoll zu handeln. Voraussetzung für dieses Denken ist ein Menschenbild, das dem Menschen Selbst- und Weltreflexivität zuordnet, also die Fähigkeit, sich selbst zu bilden und diese Bildung verantwortlich in gesellschaftliches Handeln umzusetzen.

Humboldt geht davon aus, dass die Bestimmung des Menschen darin liegt, zu seinem Wesen, zu seiner Individualität zu kommen, modern gesprochen, seine Persönlichkeit zu entwickeln.

Dabei ist jede Individualität einzigartig und deshalb sind auch alle Menschen verschieden. Zu seiner Bestimmung kommt der Mensch aber nur durch seine in ihm wohnenden Kräfte, die sich mit der Welt auseinandersetzen müssen. Dabei kommt es zu einer Wechselwirkung zwischen Mensch und Welt, die den Menschen sich zu seiner Menschlichkeit entwickeln lässt.

Diese Wechselwirkung ist aber nur dann möglich, wenn die zwei Komponenten Freiheit und Mannigfaltigkeit vorhanden sind. Nur dann kann diese Wechselwirkung bildend und bildungswirksam sein. Der Mensch darf weder durch Eintönigkeit abgestumpft, noch durch eine zu große Fülle an Angeboten orientierungslos werden, sonst ist die Entwicklung der eigenen Individualität in Gefahr. Für Humboldt steht die Entfaltung der Individualität ganz stark im Vordergrund. Die Entwicklung der Individualität soll den Menschen auf eine selbstverantwortete Mitwirkung an der menschlichen Gesamtpraxis vorbereiten und zur Teilnahme an der Gründung einer neuen Öffentlichkeit befähigen (vgl. Benner 1990).

Humboldts Bildungsauffassung lässt sich in der Freiarbeit durchaus verwirklichen. Diese bietet den Schülern eine Mannigfaltigkeit an Aufgaben an, aus denen sie dann selbst auswählen können, je nach dem was im Moment "ihren inneren Kräften" entspricht. Auch die notwendige Freiheit ist in der Freiarbeit gegeben, eigene Entscheidungsspielräume sind vorhanden und damit die Forderungen Humboldts, die als notwendige Bedingungen gelten, um einen Bildungsprozess auszulösen, der die Persönlichkeitsentwicklung der einzelnen Menschen zum Ziel hat. Natürlich muss hier berücksichtigt werden, dass sich Freiarbeit auf die Institution Schule bezieht, die Entfaltung der Kräfte und die Auseinandersetzung mit der Welt also sehr eingeschränkt ist, nämlich nur innerhalb des Bereiches des Lehrens und Lernens. Humboldts Gedanken gehen weitere Wege, die Auseinandersetzung des Menschen ist nicht nur auf die Schule bezogen. Aber doch immerhin handelt es sich hier um einen Ort, den die Kinder lange besuchen und der eine ganze Menge zu ihrer Persönlichkeitsbildung beitragen kann und wird. Deshalb ist es wichtig, dass es auch innerhalb der Schule die von Humboldt geforderten Möglichkeiten der Auseinandersetzung der im Menschen innewohnenden Kräfte mit der Welt gibt. Dabei ist es sicher nicht einmal am schlechtesten, wenn sich diese Wechselwirkungen in einem Schonraum abspielen, die dann in die Realität übertragen und ergänzt werden können. Schule als Ort, wo der Mensch sich mit Situationen, Problemen, Entwicklungen, Sprachen oder Kulturen der Welt auseinandersetzt, sind sicher wichtig für die Entfaltung der Persönlichkeit des Menschen. Freiarbeit kann also durchaus als ein Baustein angesehen werden, der im Sinne Humboldts den Menschen zu seiner Wesensbestimmung und damit zur Bildung führen kann. In diesem Sinne stellt Freiarbeit einen Bildungsprozess dar oder anders ausgedrückt, ein Unterrichtskonzept, in dem sich Bildung im Sinne Humboldts vollziehen kann. Dabei spielt, wie es bei Humboldt bereits dargestellt ist, das Menschenbild, das hinter solchen Gedanken steht, eine große Rolle. Auch Freiarbeit erfordert ein Menschenbild, das dahin geht, dass der Mensch in der Lage ist, selbstbestimmend sein Leben zu gestalten, aber auch verantwortungsvoll für sich und andere damit umzugehen. Ohne diese Auffassung lässt sich Freiarbeit nicht zu Bildungszwecken verwenden, da sonst Bildung anders definiert werden muss. Es gibt also viele Übereinstimmungen zwischen Humboldts Auffassungen und dem Verständnis von Freiarbeit.

Aber auch aus der neueren Bildungstheorie heraus lässt sich Freiarbeit begründen:

Wolfgang Klafki ist Vertreter der bildungstheoretischen Didaktik, sieht also die Bildungstheorie für wichtig und notwendig bei der Gründung einer Didaktik an. Er weitet seine Didaktik zur kritisch-konstruktiven Didaktik aus, wobei er versucht, ein Konzept zu schaffen, das eine Neuinterpretation von Hermeneutik, Empirie und Gesellschafts- bzw. Ideologiekritik in pädagogischer Perspektive einschließt.

Er versucht ein zeitgemäßes Konzept allgemeiner Bildung zu entwickeln und prägt dabei den Begriff der kategorialen Bildung (vgl. Klafki 1996). Darunter versteht er eine grundlegende Bildung, insofern sich in diesem Prozess grundlegende Formen und Inhalte des Erkennens bzw. des Verstehens herausbilden. Diese erzeugen Kategorien im Menschen, mit deren Hilfe sie sich selbst und die Welt sowie das Verhältnis Mensch zur Welt interpretieren und dabei ein begründetes Handeln entwickeln können. Kategoriale Bildung beinhaltet dabei sowohl Momente der formalen als auch der materialen Bildung. Es besteht ein ständiger Verweisungs-zusammenhang zwischen beiden Komponenten. Bei Überbetonung der materialen Bildung kommt es zu einer durch Bildungsinhalte angefüllten Instrumentalisierung der Bildungsprozesse, bei Überbetonung der formalen Bildung kommt es zu einer reinen Fähigkeitsschulung. Bildung muss aber als Ganzes gesehen werden. Kategoriale Bildung meint, dass Menschen in der Lage sind, von der Welt begründete, d.h. durch Erkenntnis geprüfte Aussagen zu machen. Der Konkretisierungszusammenhang der Bildung im Individuum äußert sich stets in den vielfältigsten Formen des Handelns, der Interaktion oder des Gestaltens. Erst hieraus ergibt sich Verantwortungsbewusstsein.

Kategoriale Bildung muss also Ziel jeglichen Unterrichts sein, wenn man von einer bildungstheoretischen oder auch kritisch-konstruktiven Didaktik ausgeht. Kategoriale Bildung beinhaltet die Zielsetzungen, die immer wieder an Freiarbeit gestellt werden: Aneignung von Methoden und bestimmter Fähigkeiten (formale Aspekte), Beschäftigung mit Inhalten (materiale Bildung); beides zusammen soll den Schülern helfen, sich in der Welt zurechtzufinden, verantwortlich darin handeln zu können und eigene Entscheidungen zu treffen. Dies bedeutet, dass durchaus Freiarbeit in der Lage ist, kategoriale Bildung zu vermitteln, aber auch hier gilt wiederum, dass sie dabei nicht alleine stehen darf, sondern dass sie durch andere Methoden, Unterrichtsverfahren oder Konzepte ergänzt werden muss. Über bestimmte Inhalte muss diskutiert werden; damit dies geschehen kann, kann es durchaus sinnvoll sein, auch mal lehrerzentriert sich Informationen vermitteln zu lassen, mit denen man dann selbständig weiterarbeiten kann. Freiarbeit kann also dann einen Beitrag zur kategorialen Bildung leisten, wenn sie in weiteres Unterrichtsgeschehen eingebettet wird und darin einen Platz einnimmt, der es den Schülern ermöglicht, eigenständig Kategorien für das Verständnis der Welt zu entwickeln.

Bei der Konstruktion seines allgemeinen Bildungskonzepts greift Klafki auch auf die klassischen Bildungstheorien der Jahre zwischen 1770 und 1830 zurück, da diese für ihn wesentliche Momente enthalten, die auch bis heute noch Gültigkeit haben.

Klafki sieht die Forderung nach Bildung als Befähigung zu vernünftiger Selbstbestimmung schon in den klassischen Bildungstheorien verwirklicht. Neben Selbstbestimmung werden auch Begriffe wie Freiheit, Emanzipation, Mündigkeit, Selbsttätigkeit oder Autonomie verwendet. Sie alle verstehen Bildung „als Befähigung zu vernünftiger Selbstbestimmung, die die Emanzipation von Fremdbestimmung voraussetzt oder einschließt, als Befähigung zur Autonomie, zur Freiheit eigenen Denkens und eigener moralischer Entscheidungen. Eben deshalb ist denn auch Selbsttätigkeit die zentrale Vollzugsform des Bildungsprozesses." (Klafki 1996, S.19)

Diesen und andere wichtigen Gesichtspunkte nimmt Klafki auf, wenn er zwölf Thesen zur Konstruktion eines Allgemeinbildungskonzepts formuliert. (vgl. Klafki 1996) Nach Klafki muss Bildung heute als selbsttätig erarbeiteter

und personal verantworteter Zusammenhang dreier Grundfähigkeiten verstanden werden:
- Jeder Mensch muss die Fähigkeit zur Selbstbestimmung haben über seine eigenen Lebensbeziehungen und Sinndeutungen, über berufliche, ethische, zwischenmenschliche oder religiöse Belange.
- Jeder Mensch hat Mitbestimmungsfähigkeit, da jeder Anspruch und Verantwortung hat für die Gestaltung unserer Welt, unserer Ordnungen und unserer Lebensverhältnisse.
- Jeder Mensch muss über Solidaritätsfähigkeit verfügen, damit er den eigenen Anspruch auf Selbstbestimmung und Mitbestimmung auch auf die übertragen kann, die dazu selbst aus verschiedenen Gründen nicht in der Lage sind.

Diese Grundfähigkeiten machen Bildung aus und müssen in der Schule entwickelt werden. Dies kann bis zur Vollständigkeit sicher nicht gelingen, aber Ansätze von Selbstbestimmungs-, Mitbestimmungs- und Solidaritätsfähigkeit können in der Schule und im Unterricht grundgelegt werden. Dies kann auch in Freiarbeit geschehen, haben doch dort die Schüler Entscheidungsfreiräume für selbstbestimmende Maßnahmen. Auch Mitbestimmungsfähigkeiten können sie dort üben, vor allem in Gruppenarbeiten oder bei der Planung gemeinsamer projektorientierter Verfahren. Solidaritätsfähigkeit kann sich entwickeln, wenn man sich für andere einsetzt oder Schwächeren bei ihrer Arbeit hilft, damit diese auch weiterkommen können.

Wenn diese Bereiche geübt werden, dann kann auch das Ziel der Selbständigkeit eher erreicht werden, da die drei genannten Grundfähigkeiten Bestandteile von Selbständigkeit darstellen.

Weiter geht Klafki auf den Begriff Allgemeinbildung ein. Er unterscheidet dabei zwischen drei Bedeutungsmomenten:
1. Bildung für alle. Damit setzt sich Klafki für mehr Chancengleichheit zur Entwicklung menschlicher Grundfähigkeiten ein. Hier kann Freiarbeit durch Differenzierung und Individualisierung durchaus einen Beitrag leisten.
2. Bildung muss alle Grunddimensionen menschlicher Fähigkeiten berücksichtigen, also das Lernen mit Kopf, Herz und Hand praktizieren. Bildung soll sich also vielseitig vollziehen, dies bezieht sich vor allem auf Aspekte formaler Bildung, aber auch auf inhaltliche Vielseitigkeit. Dieser Aspekt ist eine wichtige Ergänzung des dritten Bestandteils von Allgemeinbildung, der für Klafki das Kernstück seines Konzepts darstellt.
3. Bildung im Medium des Allgemeinen. Hier geht Klafki auf sein Schlüsselproblemkonzept ein. „Allgemeinbildung bedeutet in dieser Hinsicht,

ein geschichtlich vermitteltes Bewusstsein von zentralen Problemen der Gegenwart und – soweit voraussehbar – der Zukunft zu gewinnen, Einsicht in die Mitverantwortlichkeit aller angesichts solcher Probleme und Bereitschaft, an ihrer Bewältigung mitzuwirken. Abkürzend kann man von der Konzentration auf epochaltypische Schlüsselprobleme unserer Gegenwart und der vermutlichen Zukunft sprechen."(Klafki 1996, S. 56) Es muss sich dabei um Probleme handeln, die global bedeutsam sind, ihre Bedeutung über längere Zeit (eine Epoche) nicht verlieren und auch für den einzelnen zentral sind. Klafki nennt solche Schlüsselprobleme, z.B. Friedensfrage, gesellschaftlich produzierte Ungleichheit, Gefahren und Möglichkeiten der neuen Medien, Umweltprobleme usw..

Die Auseinandersetzung in der Schule mit solchen Schlüsselproblemen sollen helfen, dass die Schüler sich selbst ein Bild von der Problematik machen können und damit eigene Urteile bilden können, die es ihnen ermöglichen, nach Lösungen zu suchen. Der einzelne erfährt sich als Betroffener, der angeregt wird, auch zu handeln. Die Auseinandersetzung mit Schlüsselproblemen ist also notwendig, um zu den von Klafki genannten Grundfähigkeiten zu kommen. Damit spielen sie auch eine Rolle, wenn es um die Selbständigkeit junger Menschen geht. Um sich mit solchen Schlüsselproblemen auseinandersetzen zu können, müssen verschiedene Einstellungen und Fertigkeiten erlernt werden. Klafki nennt folgende:

- Kritikbereitschaft und -fähigkeit, um Standpunkte aufnehmen und hinterfragen zu können.
- Argumentationsbereitschaft und -fähigkeit, um eigene Auffassungen darstellen zu können.
- Empathiefähigkeit, um andere verstehen und sich in sie hineinversetzen zu können.
- Fähigkeit zum vernetzenden Denken, um Zusammenhänge zu erkennen.

Diese Fähigkeiten sind im Zusammenhang mit wirtschaftlichen Forderungen als Schlüsselqualifikationen schon einmal genannt worden. Dort ging es aber eindeutig um Forderungen der Wirtschaft zur Heranziehung von Menschen, die im Wirtschaftsprozess eingesetzt werden können, hier geht es um Grundvoraussetzungen, um sich mit weltpolitischen Problemen auseinandersetzen zu können und sich eigene Urteile bilden zu können.

Über Klafkis Schlüsselproblemkonzept ließe sich lange diskutieren, dies steht aber im Rahmen dieses Buches nicht zur Debatte. Wichtig ist die Frage, wie Klafki glaubt, seine Schlüsselprobleme im Unterricht thematisieren und behandeln zu können. Dabei spricht er vor allem von vier Prinzipien:

- Exemplarisches Lehren und Lernen, also ausgewählte Sachverhalte, an denen dann Zusammenhänge erklärt und Prinzipien verständlich werden können.
- Methodenorientiertes Lernen, um sich Verfahrensweisen anzueignen, die es ermöglichen, sich mit Sachverhalten auf unterschiedliche Weise auseinander zu setzen.
- Handlungsorientierter Unterricht, wo auch praktisch gelernt werden kann.
- Verbindung von sachbezogenem und sozialem Lernen.
- Konzentrationsfähigkeit, Anstrengungsbereitschaft, Rücksichtnahme usw. gehören ebenfalls zu einem Allgemeinbildungskonzept (vgl. Klafki 1996).

Bei all den hier ausgeführten Bereichen kann Freiarbeit von großer Bedeutung sein. Sie schafft die genannten Voraussetzungen für die Arbeit mit Schlüsselproblemen, indem in ihr exemplarisch, methodenorientiert, handlungsorientiert gelernt und gearbeitet werden kann, soziales und sachliches Lernen verbunden wird, in der Auseinandersetzung mit anderen Argumentations- und Kritikfähigkeit erlernt werden kann. Vernetzendes Denken ist in der Freiarbeit sehr wichtig, da Fächer ja aufgehoben und häufig Sachverhalte ganz allgemein dargestellt werden. Auch in der Bearbeitung der Schlüsselprobleme kann Freiarbeit eingesetzt werden, da hier Interessenschwerpunkte gewählt werden und nach eigenen Bedürfnissen an einem bestimmten Problembereich gearbeitet werden kann. Freiarbeit könnte hier gut mit Projektunterricht verbunden werden.

Arbeitsaufgabe:
Nun haben Sie schon eine ganze Menge über Freiarbeit und ihre Einordnung in den Gesamtkontext von Unterricht sowie über die Begründungen für Freiarbeit erfahren.
Überprüfen Sie Ihr Wissen mit dem folgenden Partnerinterview. Sollten Sie noch keinen Tandempartner gefunden haben, dann können sie die Aufgaben auch alleine beantworten.

Partnerinterview:

Legen Sie fest, wer von Ihnen beiden Partner A und wer Partner B ist. A fragt B alle Fragen mit geraden Zahlen; B fragt A alle Fragen mit ungeraden Zahlen.
Benutzen Sie Ihre Gedächtnishilfen und die bisher gelesenen Seiten bei Ihren Antworten!
Arbeiten Sie in Ihrem Lerntempo! Sie müssen nicht alle Fragen beantworten.

1. *Erläutern Sie das Prinzip der Wahlfreiheit!*
2. *Nennen und erläutern Sie die beiden anderen Prinzipien!*
3. *Warum kann es das Konzept von Freiarbeit nicht geben?*
4. *Wenn Sie Freiarbeit in Ihrer Schule einsetzen wollen, wie würden Sie vorgehen/ gehen Sie im Moment vor?*
5. *Begründen Sie Freiarbeit aus bildungspolitischer Sicht!*
6. *Welche Gründe für Freiarbeit liefert Ihnen der gesellschaftliche Wandel?*
7. *Welche lerntheoretischen Begründungen haben Sie noch im Kopf für die Umsetzung von Freiarbeit in der Schule?*
8. *Nennen Sie die wichtigsten Argumente des bildungstheoretischen Ansatzes für die Umsetzung von Freiarbeit in der Schule!*
9. *Welchen Ansätzen würden Sie zustimmen, mit welchen haben Sie Probleme?*

IV. Reformpädagogische Zugänge zur Freiarbeit

Immer wieder werden in Diskussionen um Freiarbeit oder ähnliche Unterrichtskonzepte Fragen zur Reformpädagogik und ihrem Zusammenhang zu den freieren Unterrichtsmethoden laut. Um klären zu können, was denn nun aus der Reformpädagogik stammt, bzw. welche Elemente aus welchen Konzepten hervorgegangen sind, ist es notwendig, die einzelnen Konzepte kurz darzustellen. Dabei geht es aber nicht um eine vollständige Darstellung der Konzepte, sondern nur um die Elemente, die in Verbindung zur Freiarbeit stehen. Außerdem werden auch nicht alle Reformpädagogen hier dargestellt, sondern nur diejenigen, denen allgemein eine große Verbindung zur Freiarbeit eingeräumt werden kann.

1. Maria Montessori

Montessoris Konzept ist nur vor dem Hintergrund ihrer anthropologischen Grundposition zu verstehen, die ihr ganzes Denken und ihr pädagogisches Wirken geprägt hat. Nach Montessori zeichnet den Menschen eine grundlegende Freiheit aus, die von Anfang an dem menschlichen Wesen gegeben ist. Um sich diese Freiheit zu erhalten, muss der Mensch ständig tätig sein. In der Erziehung muss die Entfaltungsfreiheit des Kindes gesichert werden, um so den Aufbau seiner Freiheit durch Tätigkeit zu fördern. Erst dieses Tätigsein – die Arbeit – ermöglicht die notwendige Freiheit des Kindes. Montessori betrachtet die kindliche Freiheit unter unterschiedlicher Perspektive:
- Unter der biologischen Freiheit versteht sie, dass das Kind die Möglichkeit hat, sich in einer Umgebung zu betätigen, die seinen inneren Antrieben entspricht.
- Unter der sozialen Freiheit versteht Montessori die Fähigkeit des Kindes, sich langsam von der Hilfe der Erwachsenen unabhängig zu machen und sich ein eigenes Bewusstsein seiner Fähigkeiten zu erwerben.
- Die Aktivität und das Handeln des Kindes steht im Mittelpunkt der pädagogischen Freiheit. Der spontanen Entwicklung des Kindes muss Freiheit gelassen werden, so dass sich die Polarisation der Aufmerksamkeit entwickeln kann. Dazu benötigt das Kind eine vorbereitete Lernumgebung, die es für die Entwicklung der Selbsttätigkeit benötigt. So kann jedes Kind seinen individuellen Neigungen nachgehen.

- Durch die Konzentration des Kindes auf einen Gegenstand und durch den selbstverantwortlichen Umgang entwickelt sich diszipliniertes Verhalten, das zu einer sittlichen Haltung führt.

Freiheit ist für Montessori eine unabdingbare Voraussetzung für die Entwicklung des Kindes. Dabei ist ihr aber durchaus bewusst, dass das Kind beim Erlangen dieser Freiheiten geleitet werden muss, es darf also nicht sich selbst überlassen bleiben, sondern das Kind kann diese Freiheit in einer organisierten Umgebung vorfinden. Unberücksichtigt bleibt bei diesem Gedankengang, dass das Kind auch wirtschaftlichen, sozialen und politischen Einflussfaktoren ausgesetzt ist, die den Erziehungsprozess und das menschliche Zusammenleben beeinflussen.

Montessori geht davon aus, dass das Kind von Geburt an ein zu Eigenaktivität und Spontanität fähiges Wesen ist, dem die Aufgabe des schrittweisen Selbstaufbaus zur mündigen Persönlichkeit obliegt. Die Schule kann dabei nur organisatorische Hilfe auf dem Weg zur Mündigkeit sein. Sie kann die vorbereitete Umgebung darstellen, in denen sich dann die Entwicklungs- und Bildungsbedürfnisse des jungen Menschen entfalten können.

Dazu dienen auch die Phasen der freien Arbeit oder der 'freien Wahl', wie Montessori diese Phasen überwiegend nennt. Nach Montessori wird diese freie Wahl von inneren Gesetzlichkeiten gelenkt. Die Freiheit ist also gebunden an die Gesetze des eigenen Ichs, dem Bedürfnis nach ständigem Tätigsein und begrenzt durch die Interessen anderer und den Anforderungen der Sache selbst. „Freie Wahl der Arbeit, vorbereitete Umgebung und die Unterstützung des Erziehers haben letztlich nur den Zweck, dieses Fundamentalphänomen der Selbstbildung und des Selbstaufbaus zu ermöglichen."(Koch 1996, S.59). Mit dem hier genannten Phänomen wird die Polarisation der Aufmerksamkeit verstanden, unter der Montessori ein sehr konzentriertes Arbeiten des Kindes und damit einhergehende innere Wandlungen versteht. Diese stellen die wichtigsten Elemente der Arbeit des Kindes dar. Durch diese Arbeit kann das Kind eine eigene Persönlichkeit entwickeln. Die Arbeit geschieht dabei meist unbewusst, sie dient einem inneren Zweck. Um diese Anforderungen zu ermöglichen, muss diese Arbeit des Kindes zwangsfrei, aber nach genauen Angaben erfolgen. Dies erklärt die genauen sprachlichen Vorgaben, die das Kind in der Arbeit mit den didaktischen Materialien benutzen soll. Montessori hat durch ihre Studien festgestellt, dass sich die Polarisation der Aufmerksamkeit in drei Phasen vollzieht:

1. Phase der Vorbereitung und Einübung: Suchen, Auswählen, sich entscheiden.

2. Phase der „großen Arbeit": andauernde Bindung der Aufmerksamkeit im handelnden Umgang mit einem Gegenstand.
3. Phase der Ruhe: spielt sich im Inneren des Kindes ab. Verarbeitung der neuen Erkenntnisse.

Die Freie Arbeit der Kinder muss so organisiert werden, dass sich täglich diese drei Phasen der Polarisation der Aufmerksamkeit vollziehen können. Wenigstens eine Arbeit pro Tag sollte dabei vollbracht werden, so dass sich eine Persönlichkeitsentwicklung anbahnen kann. Dabei spielt die vorbereitete Lernumgebung eine besondere Rolle.

1. Anforderungen an die räumlich vorbereitete Umgebung:
- Keine strenge Trennung von Klassen- oder Gruppenräumen
- Die Räume müssen eine gewisse Weite haben
- Die Räume müssen ästhetisch ansprechend und wohnlich sein
- Offene Regale ermöglichen freien Zugang zu den didaktischen Materialien

2. Anforderungen an die sachlich vorbereitete Umgebung:
- Das didaktische Material muss in der Lage sein, die Aufmerksamkeit zu fesseln
- Das Material muss quantitativ begrenzt sein
- Das Material muss einfach und klar sein
- Das Material muss die Möglichkeit der Fehlerkontrolle bieten
- Das Material muss Ganzheitscharakter haben

In dieser vorbereiteten Umgebung soll das Kind sich frei entscheiden und frei handeln können, um sich im Selbstbildungsprozess zu verwirklichen. Dabei kann das Kind die Arbeit selbst auswählen. Nur so kann das Kind seiner Individualität entsprechend lernen. Die freie Hingabe ist notwendig, um zur Polarisation der Aufmerksamkeit zu kommen, die bei jedem Kind zu einer anderen Zeit erfolgt. Das Kind kann sich einem Gegenstand so lange widmen wie es möchte. Auch hierin besteht Freiheit. Für Montessori wird die Zeiteinteilung des Kindes durch dessen inneren Antrieb bestimmt, was wiederum bei jedem Kind unterschiedlich verläuft. Während dieser Phasen darf sich das Kind frei bewegen, allerdings nur soweit, dass es andere Kinder nicht stört. Das Kind legt auch den eigenen Schwierigkeitsgrad fest.

Das Lernen soll sich nach Montessori in altersgemischten Gruppen abspielen, so dass sich die Kinder auch untereinander helfen können.

Montessoris Pädagogik ist vor allem für die Grundschule konzipiert, da sie davon ausgeht, dass auf dieser Altersstufe das Lernen am besten gelingt, da die Polarisation der Aufmerksamkeit am größten ist.

Montessoris Ansatz basiert sehr stark auf christlich-religiösen Grundanschauungen, aber auch auf eigenen gemachten Erfahrungen. Ihr Ansatz geht auf die Grundlage eines christlichen Menschenbildes zurück, in die auch einzelne "empirische" Ergebnisse eingeflossen sind. Dabei entwickelt sie ein unerschütterliches Vertrauen in das Kind, was sich vor allem aus dem Glauben an das Wirken Gottes im Kind erklären lässt. Das Kind weiß selbst, was für es gut ist. Dieses Wissen muss nur unterstützt werden, was durch die vorbereitete Lernumgebung und die didaktisch aufbereiteten Materialien geschieht. Dabei ist vor allem die Beschäftigung des Kindes wichtig, zweitrangig wird, mit was sich das Kind beschäftigt. Die Individualität des Kindes steht stark im Vordergrund dieses Ansatzes. Die Freie Arbeit stellt dabei einen Kern dieses Konzepts dar.

Freie Arbeit stellt bei Montessori eine Unterrichtsform dar, in welcher das Kind aus einem differenzierten Lernangebot den Gegenstand seiner Tätigkeit, Ziele usw. im Rahmen allgemeiner Vorstrukturierungen selbst bestimmen kann. Durch die Wahl der Arbeit geht auch die Verpflichtung der Kontrolle einher. Die Phasen Freier Arbeit sollen ergänzt werden durch Morgenkreis, Lehrervortrag, Exkursionen und Projekte. Diese Ergänzungen zeigen sich vor allem in heutigen Montessori-Schulen (vgl. Koch 1996).

2. Celestin Freinet

Freinet versuchte, durch eine bessere Schulbildung die soziale Not der großen Masse der arbeitenden Bevölkerung zu verringern. Dies wollte er vor allem durch den Zusammenschluss mit anderen Reformwilligen erreichen. Er eröffnete Landerziehungsheime und stellte dabei die sinnvolle, schöpferische und das Kind entfaltende Arbeit in den Vordergrund. Freinet ist vor allem für das Einführen bestimmter Techniken in der Schule bekannt. So stammen die Ideen zur Gestaltung einer Klassenzeitung, eines Klassen-Tagebuchs, das Schreiben freier Texte, die Aufteilung der Klassenzimmer in Ateliers, das Unternehmen von Exkursionen und vor allem die Schuldruckerei aus seinem Ideenreichtum. Hier zeigen sich bereits die ersten Elemente der Freiheiten. Freiheit im eigenen Schreiben, freies Gestalten und Drucken soll die Phantasie der Kinder schärfen. Seine Ideen will Freinet vor allem in der Regelschule verwirklicht sehen. Während Montessori ein alternatives Konzept zur Regelschule entwickelte, steht für Freinet die Alternative in der Regelschule im Mittelpunkt seines Wirkens. Das Kind wird vor allem vor dem Hintergrund der Anforderungen des wirklichen Lebens gesehen. Dieses Leben soll es

bewältigen in Kooperation und Selbstbildung. Dies alles entwickelte Freinet vor dem Hintergrund, die Chancen der unterprivilegierten Kinder durch Bildung zu verbessern. Um dies zu erreichen, steht bei Freinet vor allem die Selbstverantwortlichkeit im Vordergrund. Darunter fasst er, dass das Kind über seine Arbeit selbst bestimmen, im eigenen Rhythmus die Aufgabe bewältigen kann, das Ergebnis selbst bilanziert, entsprechende Arbeitsmittel für seine Arbeit sinnvoll auswählt und die Arbeit reflektiert. Dabei wird das Kind unterstützt durch die Kooperation der anderen, die ihm im Klassenrat und durch die kooperative Organisation des Unterrichts zur Seite stehen. Um dem Leben gerecht werden zu können, ist es wichtig, dass das Kind die Möglichkeit zur kritischen Auseinandersetzung mit der Umwelt erhält durch Erkundungen, Untersuchungen an Objekten und durch die Verwirklichung praktischer Arbeitsvorhaben. Durch all diese Techniken erhält das Kind die Möglichkeit, seine Persönlichkeit selbst zu entfalten. Diese Entfaltung wird durch Tanz, Musizieren, Theaterspielen usw. weiter ausgedehnt. Die Freinet-Pädagogik ist vor allem durch drei grundsätzliche Freiheiten gekennzeichnet:
- Sich zu organisieren: Durch freie Wahl des Inhalts, der Arbeitsform, der Sozialform usw. lernt das Kind, seine Arbeit frei zu organisieren.
- Zu handeln: Dies geschieht vor allem durch entdeckendes Lernen, durch Erkundungen und selbsterlebten Untersuchungen.
- Sich auszudrücken und zu kommunizieren: Dies kann schriftlich und mündlich geschehen, aber auch grafisch, musikalisch, handwerklich und körperlich.

Damit die Kinder diese Freiheiten nutzen können, entwickelte Freinet die Wochenplanarbeit. Unter der Lenkung des Wochenplans kann sich das Kind dann selbst entwickeln. Die Freie Arbeit stellt dabei nur einen Teil des gesamten Wochenplanes dar, der sehr viele Elemente auch anderer in Richtung Selbstorganisation zielender Unterrichtsmethoden aufnimmt (vgl. Koch 1996).

3. Peter Petersen

Peter Petersen hat ebenfalls den Begriff der Freiheit in seinem Konzept verankert. Seinem Verständnis nach muss sich der Mensch seine Freiheit erwerben, und zwar durch die Aneignung von Fertigkeiten, die dann sein Können ausmachen. In der Schule können die Schüler solche Fähigkeiten und Fertigkeiten erwerben. Sie müssen allerdings nach Petersen am Erwerbsprozess direkt beteiligt sein und beim Erwerb große Freiräume erhalten.

Petersen gründete die Jena-Plan-Schule, die er als Lebensgemeinschaftsschule versteht, in der Lernende, Lehrende und Eltern ein vielfältiges Schulleben entfalten können.

Um dieses Schulleben gestalten zu können, gibt es zunächst einmal sogenannte Vor-Ordnungen, die als generelle Regeln in der Schule gelten. Dazu gehört, dass die Lehrenden bestimmen, welche Tätigkeiten in welchen Räumen durchgeführt werden und welche Arbeitsmittel in den einzelnen Räumen zur Verfügung stehen. Die Erziehung zu Umgangsformen wird als ebenso wichtig angesehen wie die Arbeitshaltung des einzelnen in der Gruppe. Nur durch diese Vor-Ordnungen kann es Freiheiten geben, die es dem einzelnen ermöglichen, seine individuellen Fähigkeiten und Neigungen zu entwickeln. Dabei spielt für Petersen die Gemeinschaft eine besondere Rolle.

Petersen sieht in der Erziehung einen Bereich, in dem die Gesetze des wirklichen Lebens ausgeschaltet sind, so dass die einzelnen Kinder sich quasi in einem Schonraum entwickeln und zu Persönlichkeiten entfalten können. Für ihn ist die Bildung das oberste Ziel des Schullebens. Dies ist neben der schulischen Arbeit durch die Bereiche des Gesprächs, des Spiels und der Feier erreichbar.

Im Bereich der Arbeit können die Begriffe „freie Arbeiten" und „Freie Arbeit" unterschieden werden. Die "freien Arbeiten" gehören zum Kernunterricht, nämlich zur Gruppenarbeit. Die Gruppenarbeit ist das zentrale Moment in den Jena-Plan-Schulen. In den Stammgruppen wird gemeinsam an bestimmten Oberthemen gearbeitet. Innerhalb dieser Themen wählen die einzelnen Gruppen ein Unterthema aus und bearbeiten es auf ihre Weise. Anschließend werden die Ergebnisse zusammengetragen. Diese „freien Arbeiten" bleiben immer gebunden an die Ziele und den thematischen Rahmen der jeweiligen Gruppenarbeit. Sie ist also immer zielgerichtet, themenzentriert und auf die Gemeinschaft bezogen. Das „freie Arbeiten" findet hauptsächlich im Rahmen von Gruppenarbeit statt, eingebettet in ein Rahmenthema. Freie Arbeit ist immer verbunden mit einem starken Eingebundensein und mit Abhängigkeiten von der Gruppe, dieser muss sich der einzelne Lernende mit seinen Interessen und Ansprüchen unterordnen.

In der Jena-Plan-Schule werden verschiedene Kurse angeboten. Neben den Pflichtkursen gibt es Wahlkurse und Sonderkurse. Die Pflichtkurse ähneln unserem angeleitetem Lernen. Wahlkurse ermöglichen den Lernenden thematische Wahlmöglichkeiten. In den Sonderkursen spielen die „freien Arbeiten" eine wichtige Rolle. Es handelt sich um Arbeitsgemeinschaften, in der die Schüler frei nach Interesse arbeiten können. So können sie z.B. in der freien Werkarbeit eigenständig Werkaufgaben lösen, manchmal auch mit Unterstützung der Eltern.

Die „Freie Arbeit" dagegen kennzeichnet eine bestimmte Unterrichtszeit (meist zwei Stunden) am Ende der Woche, sozusagen als Abschluss der Wochenplanarbeit. Diese Zeit war ursprünglich den ganz eigenen Interessen der Schüler vorbehalten, in der sie an Themen ihrer Wahl arbeiten konnten und sich bei Problemen an die Lehrpersonen wenden konnten. Da viele Schüler in dieser Zeit aber eher schulische Arbeiten erledigten, wurde dazu übergegangen, diese Zeit zur Abrundung der Woche zu verwenden. Nicht fertiggestellte Arbeiten wurden abgeschlossen, neue Bereiche für die nächste Woche vorbereitet und die Gruppenleiter konnten sich mit einzelnen Kindern oder kleinen Gruppen zusammensetzen, um Lücken zu schließen oder nichtverstandene Übungen zu wiederholen. Petersen sieht in dieser Phase ein großes Bedürfnis der Schüler. Diese Unterrichtszeit kann in etwa mit der heutigen Freiarbeit als Phase des Unterrichts verglichen werden. Allerdings wird auch diese Phase dem Gemeinschaftsleben untergeordnet. (vgl. Koch 1996)

4. Helen Parkhurst

Während Montessori, Freinet und Petersen immer in Zusammenhang mit Freiarbeit und „Offenem Unterricht" gebracht werden und es deshalb notwendig ist, sie einzubeziehen in die Überlegung, wie groß der Einfluss einzelner Reformpädagogen auf die heutige Unterrichtsmethode Freiarbeit ist, wird Parkhursts Ansatz eher vernachlässigt.

Auch der Dalton-Plan von Helen Parkhurst (1886-1973) stellt ein System selbständigen Lernens dar, das aus der Praxis heraus entwickelt wurde. Wie auch bei anderen Reformpädagogen bildet für Parkhurst die Kritik an der „alten" Schule den Antrieb, pädagogisches Handeln zu verändern. Sie legt dabei ihren Schwerpunkt nicht auf eine grundsätzliche Erziehungs- und Bildungskritik, sondern beschränkt sich auf eine Veränderung im methodischen Vorgehen. Sie wollte allen Kindern die gleiche Möglichkeit der Förderung verschaffen. Dies versuchte sie dadurch zu erreichen, dass sie den üblichen Stundenplan abschaffte, Facharbeitsräume (Laboratorien) einrichtete, die didaktische Materialien für die Hand des Schülers enthielten. Den gebundenen Unterricht ersetzte Parkhurst durch ein individuelles Lernen innerhalb eines bestimmten Freiraums. Die Individualisierung des Unterrichts stellt ein wesentliches Motiv Parkhursts dar. Die Schüler müssen das Leben bewältigen lernen. Dies ist eine Aufgabe, die der Schule zukommt. Für die Lösung dieser Aufgabe muss der Lernende Gelegenheit erhalten, selbsttätig und eigenverantwortlich Erfahrungen zu machen. Da dies aber nicht plan- bzw. ziellos geschehen kann, erhalten die Lernenden Arbeitsanweisungen (assignements), in denen sich die stofflichen Vorgaben ausdrücken. Die Lehrenden sind für die Stellung der Arbeitsanweisungen verantwortlich.

Um in der Schule erfolgreich lernen zu können, benötigen die Lernenden Qualifikationen und Lerntechniken, die in der Erwachsenenwelt wichtig werden. Dabei wichtig ist vor allem, dass eine Aufgabe selbständig und eigenverantwortlich gelöst werden kann. In der Schule handelt es sich vor allem um die Aneignung von Bildungsinhalten. Diese Bildungsinhalte sind notwendig, um das Wissen zur Lebensbewältigung zu besitzen. An einen Bildungsinhalt geht jeder zunächst gemäß seinen Voraussetzungen heran und bearbeitet die Aufgabe individuell. Erst danach kann ein Austausch mit anderen über das angeeignete Wissen erfolgen.

Ein wichtiges Prinzip schulischer Arbeit sieht sie in der Freiheit. Durch dieses Prinzip der Freiheit ist der Schüler frei von der direkten Unterweisung durch die Lehrperson. Die Lehrperson bereitet den Stoff so auf, dass die Lernenden sich diesen im Selbststudium aneignen können. Sie können sich einem Stoff so lange widmen wie sie wollen, ohne dabei von Fachwechsel oder Pausen gestört zu werden. Es liegt in der Hand des einzelnen, wie er seine Zeit verplant. Die Schüler können entsprechend ihrem eigenen Lerntempo arbeiten, das gleichschrittige Lernen im Klassenverband ist aufgehoben. Trotz des Prinzips der Freiheit gibt es aber ein sogenanntes Fundamentum, das für alle Lernenden verbindlich ist.

Ein zweites Prinzip sieht sie in der Zusammenarbeit, durch die viele soziale Elemente gegeben sind. Während des „free work" können Aufgaben gemeinsam gelöst werden, außerdem gibt es am Nachmittag Formen gemeinschaftlichen Unterrichts. Soziales Lernen soll in einer funktionierenden Gemeinschaft vollzogen werden.

Ein drittes Prinzip stellt die kontrollierte Arbeitsplanung dar. Dieses Prinzip verwirklicht sie dadurch, dass jeder Lernende einen auf ihn zugeschnittenen Arbeitsplan erhält. Es handelt sich meist um monatliche Arbeitspensen, durch die Bildungsinhalte in Form von Arbeitsanweisungen angeeignet werden können, wobei zwischen Pflicht- und Wahlpensen unterschieden wird. Die Arbeitsanweisungen erhalten gezielte Hinweise und Hilfestellungen, auch im methodischen Bereich. Im Dalton-Plan hat der Lernende keinen Einfluss auf die Unterrichtsinhalte, aber er kann die gestellten Aufgaben auf seine Weise lösen, so dass er weitgehend eigenverantwortlich und selbsttätig Aufgaben bearbeitet. Dies ist nach Parkhurst das Prinzip der Individualität.

Mit diesen didaktischen Prinzipien möchte sie ihr Ziel, die Lernenden zum selbständigen Handeln und zum demokratischen Verhalten zu führen, erreichen. Die Lernenden müssen dazu gebracht werden, selbst die Verantwortung für ihr Lernen zu übernehmen. Fasst man die Charakteristika des Dalton-Plans zusammen, so kann man sechs Merkmale herausarbeiten:
1. Freiheit
2. Zielgerichtetheit (Ziele werden von der Lehrperson vorgegeben)
3. Beachtung der Individualität (individuelles Lernen steht im Vordergrund; der einzelne wird in seiner Individualität anerkannt)
4. Selbstverantwortung (Lernender hat für sein Lernen selbst Verantwortung, auch wenn eine Kontrolle vorhanden ist)
5. Selbstprüfung (jeder lernt nach seinem eigenen Tempo)
6. Sachgebundenheit (Lernende müssen sich selbst motivieren durch sachbezogene Auseinandersetzung mit bestimmten Lerninhalten)

In der Praxis sieht dies folgendermaßen aus: Für einige Stunden des Schultages wird der direkte Unterricht durch das Selbststudium der Lernenden ersetzt. Es gibt schriftliche Studieranleitungen, fachspezifisch ausgestattete Räume sowie Fachlehrer, die die Arbeit der Lernenden unterstützen. In dieser Zeit werden die Schüler eigenständig tätig, sie kommunizieren und kooperieren frei mit ihren Mitschülern und können auch die Beratung von Lehrenden in Anspruch nehmen. Ziel dieser Unterrichtszeit ist es, Selbständigkeit, Selbstverantwortung und kooperative Verhaltensweisen anzubahnen.

Durch die Organisation der Schule im Sinne Parkhursts erhalten die Schüler die Möglichkeit zum selbsttätigen Arbeiten. Dies geschieht in Freier Arbeit, wobei die Freiheit nicht auf die Inhalte und die Methoden, sondern nur auf die zeitlichen, räumlichen und sozialen Bereiche anwendbar ist (vgl. Koch 1996).

5. Hugo Gaudig

Hugo Gaudig wird bei der Fragestellung, inwieweit Freiarbeit aus der Reformpädagogik hergeleitet werden kann, meist vernachlässigt. Seine pädagogischen Überlegungen passen aber sehr gut in heutige Freiarbeitsüberlegungen. Außerdem war Gaudig selbst die ganze Zeit Lehrer, was bedeutet, dass seine Überlegungen praktisch erprobt wurden. Dies spielt besonders dann eine Rolle, wenn es um die Übernahme solcher pädagogischer Ideen in das staatliche Schulleben geht.

Hugo Gaudig (1860-1923) vertrat eine Persönlichkeitspädagogik, die vor allem durch die Kritik an der alten Lern- und Buchschule und ihrer methodischen Starrheit entstanden ist. Das wichtigste didaktische Prinzip stellte für ihn die Selbsttätigkeit im Sinne der freien geistigen Arbeit dar, durch die der Lernende zu Selbständigkeit gelangen soll. Dem Prinzip der Selbsttätigkeit weist er große Bedeutung für die ganze Schulzeit hindurch bei. Das Prinzip hat Gültigkeit vom ersten Schultag an, über alle Fächer, für alle Phasen des Arbeitsvorgangs, für alle Arbeitsformen und für alle Sozialformen. Dabei muss der Lernende über Arbeitstechniken verfügen bzw. diese trainieren, die ihm die freie geistige Tätigkeit überhaupt erst ermöglichen. Gaudig geht dabei von folgenden Annahmen aus: Der Mensch ist ein selbsttätiges, aktives Wesen, wodurch sich Bildung als Selbstbildung vollziehen kann. Er verkörpert eine einmalige Persönlichkeit (Individualität), durch die er Würde erhält und er ist handelndes Subjekt, mit dem Ziel, sein Leben selbst zu entfalten. Deshalb muss er auch selbst die Verantwortung für sein Tun übernehmen.

Die Erziehung zur Selbsttätigkeit ist ein wichtiger Bestandteil für die Entwicklung der Persönlichkeit, die für Gaudig das überragende Erziehungsziel darstellt. Die Persönlichkeitsbildung ist Hauptzweck von Erziehung und Bildung in der Schule. Gaudig versteht dabei Persönlichkeit folgendermaßen: „Persönlichkeit ist der seiner selbst mächtige, die Kräfte seiner Natur zur Verwirklichung seiner Persönlichkeit zusammenfassende, auf den Gebieten des Lebens sich frei heraus bestimmende Mensch."(Koch 1996, S.114)

Auf Schule und Unterricht bezogen soll der Lernende sich in freier Tätigkeit Bildungsinhalte selbständig erarbeiten, vorbereiten und sich aneignen. Dadurch kann der Lernende seine Persönlichkeit entfalten, deren ein wichtiges Wesensmerkmal die geistige Selbsttätigkeit darstellt. Da das Kind sich aber nicht durch eigene Kraft Kulturgüter aneignen kann, braucht es die „freie geistige Schularbeit", die ihm die Auseinandersetzung erst ermöglicht. Gaudig sieht die Aufgabe der Schule darin, als Lebensstätte des Kindes Kulturgüter in freier geistiger Schularbeit zu vermitteln und gleichzeitig den Willen zur Kulturaneignung und zum Kulturschaffen zu wecken und zu verstärken. Das Ziel der Arbeitsschule liegt also darin, den Lernenden zu selbständiger, freitätiger Gestaltung des Arbeitsvorganges zu erziehen, die auch nach der Schule noch Wirkung zeigt. Um dies zu ermöglichen, müssen die Schüler in Arbeitstechniken eingeführt werden, die notwendig sind, um die Selbsttätigkeit durchführen zu können. Nur durch dieses methodische Rüstzeug kann der Lernende selbsttätig Bildung in Freier Arbeit erwerben. Diese Einführung in die Arbeitstechniken ist die zentrale Aufgabe der Lehrenden. Dabei müssen sich folgende Schritte vollziehen:

Vormachen durch den Lehrer und Nachmachen durch die Schüler. Dies ist vor allem dann wichtig, wenn die Lernenden noch wenig Erfahrung mit den Arbeitstechniken haben oder der Lösungsweg sich als besonders schwierig erweist.
- Die Schüler gehen den Weg des Versuchs und Irrtums, so lange, bis sie einen gangbaren Weg gefunden haben.
- Das Arbeitsverfahren wird zum Thema der Stunde gemacht; verschiedene Arbeitstechniken werden einzeln reflektiert.
- Arbeitstechniken werden geübt und so automatisiert.
- Das Gelernte wird dann auf neue Bereiche übertragen.

Für Gaudig ist dabei besonders wichtig, dass die Einsicht in die Arbeitsverfahren für die Schüler vorhanden bleibt, damit sie bewusst bestimmte Arbeitsverfahren auswählen können, nämlich die, die jeweils dem Inhalt und dem einzelnen Lernenden am besten angepasst sind.

Gaudigs Idealvorstellungen gehen dahin, dass Schüler in freier Initiative sich zur Arbeit entschließen (Setzen eines Arbeitsziels), sich die entsprechenden Arbeitstechniken auswählen (Arbeitsmittel wählen), die Problemlage erkennen, sich die Arbeit einteilen (einzelne Arbeitsschritte festlegen), einen möglichen Lösungsweg suchen (Plan für Arbeitsweg entwerfen) und diesen mit all ihrer Kraft verfolgen, bis sie ein Arbeitsergebnis gewonnen haben (Arbeitsergebnis erfassen, einordnen und prüfen). Dieses Ergebnis wird dann in den Gesamtzusammenhang eingeordnet und kann so zu einem weiteren Erkenntnisgewinn beitragen. Dabei spielt für Gaudig auch das Erleben in der Gemeinschaft eine wichtige Rolle sowie das Verhältnis zwischen Lehrenden und Lernenden.

Der Weg zur Freien Arbeit führt bei Gaudig über bestimmte Voraussetzungen (Arbeitstechniken), die sich die Schüler aneignen müssen, um zur Selbsttätigkeit zu gelangen. In dieser Phase ist der Unterricht stärker gebunden, um die Arbeitstechniken vermitteln zu können.

Im Bereich der Freien Arbeit gibt es für Gaudig drei Organisationsformen:
1. Das freie Unterrichtsgespräch: Ziel des Unterrichtsgesprächs ist es, dass die Schüler frei miteinander kommunizieren, ohne Einmischung des Lehrenden. Dazu benötigen sie Gesprächskompetenzen, die ebenfalls wieder in Vorphasen im eher gebundenen Unterricht geübt werden müssen.
2. Arbeitsstunde: individuelle Stillarbeit der Schüler an gleichen oder verschiedenen Aufgaben. Hier kann der Lernende selbsttätig arbeiten. Hier kann individuell differenziert werden, unterschiedliche Arbeitstechniken

angewendet werden und der Lernende in seiner Zeit mit aller Konzentration arbeiten.
3. Die Freie Hausarbeit: Hier soll der Schüler eine Arbeit selbsttätig zu Hause anfertigen. Da der Lernende hier unbeeinflusst ist von den inneren und äußeren Zwängen der Schule, stellt die Hausarbeit gewissermaßen eine Bewährung der in der Schule vermittelten Selbsttätigkeit dar.

Zusammenfassend werden hier nochmals kurz die erfahrbaren Dimensionen der Freiheit in Gaudigs Konzept zusammengestellt.
- Der Schüler ist während der Freiarbeitsphase befreit von der direkten Einflussnahme durch den Lehrer.
- Der Schüler hat die Freiheit darüber zu entscheiden, in welcher Form er über seine Ergebnisse berichten möchte.
- Der Schüler hat die Freiheit der Auswahl der zuvor geschulten Arbeitstechniken, um sie auf einen Unterrichtsgegenstand möglichst sachgerecht anwenden zu können.
- Die Schüler haben die Möglichkeit, im freien Unterrichtsgespräch selbstgesteuert sich mit einem Unterrichtsgegenstand auseinander zu setzen, wobei jedoch die Art der Gesprächsführung zuvor ebenfalls geschult wurde.

Eingeschränkt ist die Freiheit des Schülers hinsichtlich folgender Punkte:
- Die Freiheit der Wahl des Unterrichtsgegenstandes ist nur sehr bedingt gegeben.
- Während der Phase der freien individuellen Arbeit hat der Schüler durch Gaudigs Postulat der isolierten Stillbeschäftigung, das selbständige Arbeit gewissermaßen „erzwingen" soll, nicht die Freiheit des Austausches bzw. der Zusammenarbeit mit Mitschülern. (vgl. Koch 1996)

6. Grundlegende Gedanken der aufgezeigten Konzepte und ihre Verwirklichung in der Freien Arbeit

Nachdem die einzelnen Konzepte und Ansätze der für Freiarbeit wohl wichtigsten Reformpädagogen dargestellt wurden, soll nun versucht werden, nochmals die Hauptgedanken der einzelnen Konzepte hinsichtlich der Freien Arbeit zusammenzufassen. Auch hier beziehe ich mich wieder auf die Dissertation von Siegfried Koch (vgl. Koch 1996), der diese Grundlagen zusammengestellt hat.

Maria Montessori sieht das Individuum mit einem von Gott gegebenen inneren Bauplan ausgestattet, der es im aktiven Erwerb von Fähigkeiten lenkt.

Die Polarisation der Aufmerksamkeit und sensible Perioden im menschlichen Leben sind die Bedingungen für das Lern- und Aktivitätsbedürfnis des Kindes.

Montessori versteht die Freie Arbeit als Unterrichtsprinzip, das den Bedürfnissen nach selbständigem Erwerb von Fähigkeiten am meisten gerecht wird. Durch die vorbereitete Lernumgebung und die didaktisch aufbereiteten Materialien ist ein Betätigungsfeld für den aktiven Bildungserwerb gegeben. Bei der Auswahl der Materialien besteht Wahlfreiheit, ebenso bei der Wahl der Sozialform. Die Materialien geben aber den methodischen Weg vor, um beabsichtigte Lernzuwächse zu erreichen.

Freinet sieht das Individuum vor dem Hintergrund der Anforderungen des wirklichen Lebens, denen es durch Selbstbildung gerecht werden soll. Hier wird Freie Arbeit als allgemeines Unterrichtsprinzip verstanden. Sie vollzieht sich meist im Rahmen eines Wochenplans. Dabei gibt es Pflicht- und Wahlaufgaben. Mit wem die Schüler zusammenarbeiten, dürfen sie selbst bestimmen. Anlässe für freies Arbeiten sind gemeinsame Vorhaben, kooperative und individuelle Arbeiten mit den verschiedenen Materialien und der Schuldruckerei.

Im Jena-Plan definiert sich das Individuum von Anfang an in und durch die Gemeinschaft, die den Vorrang gegenüber dem einzelnen hat. Innerhalb dieser Gemeinschaft, der Gruppenarbeit, vollzieht sich die Freie Arbeit. Ein Rahmenthema kann von den Schülern selbständig und in freier Kooperation bearbeitet werden. Freie Arbeit wird auch als Wochenabschluss angeboten, bei dem die Kinder nach ihren individuellen Interessen arbeiten und unfertige Arbeiten vervollständigen können.

Helen Parkhurst versteht das Individuum in einem pragmatischen Sinn, für sie dient der Erwerb von Kenntnissen und Fähigkeiten vor allem der Vorbereitung auf ein zukünftiges gesellschaftliches Leben. Deshalb dienen im Dalton-Plan freie Arbeitsphasen dem individualisierten Wissenserwerb, die durch Monatspensen geregelt sind. Die Arbeitspläne sind individuell ausgerichtet, hier arbeiten die Schüler selbständig und in individuellem Arbeitstempo, wobei methodische Wege und Ziele weitgehend festgelegt sind. Unterstützung erhält der Schüler durch Mitschüler und durch Lehrpersonen. Freie Arbeit ist also ein selbsttätiges Bearbeiten und Nachvollziehen von didaktisch geschickt aufbereiteten Arbeitsanweisungen, mit deren Hilfe sich der Schüler vorgegebene fachliche Stoffe innerhalb eines festgesetzten Zeitrahmens selbständig aneignet.

In der Arbeitsschule Gaudigs wird das Individuum als werdende Persönlichkeit angesehen, das sich durch selbsttätige und sachgerechte Anleitung von Stoffen zunehmend entwickelt. Diese Persönlichkeit entwickelt sich vor allem durch die "freie geistige Schularbeit". Dafür ist die methodische Schulung unabdingbare Voraussetzung, damit Schüler sich Stoffe selbsttätig aneignen können. Die Lehrperson ist für die Vermittlung des Methodenrepertoires zuständig. Freie Arbeit wird verstanden als eine selbsttätige Bearbeitung eines Unterrichtsgegenstands. Diese Bearbeitung kann im freien Unterrichtsgespräch, in der freien Arbeitsstunde oder in der freien Hausaufgabe geschehen.

In allen beschriebenen Konzepten wird dem Kind zugestanden, dass es von sich selbst aus bereit und fähig ist, etwas zu lernen. Dieses Vertrauen in das Kind ist eine wichtige Voraussetzung für Freie Arbeit. Freie Arbeit bedeutet in keinem Konzept, dass die Schüler tun und lassen können was sie wollen, sondern es handelt sich überall um eine gebundene Freiheit, die allerdings zwischen den einzelnen Konzepten stark variiert. Allen Konzepten gemeinsam ist auch die zentrale Kategorie der Selbsttätigkeit, mit dem Ziel der Bildung. Um diese Selbsttätigkeit durchführen zu können, müssen die Schüler vorbereitet werden, indem sie sich mit verschiedenen Arbeitstechniken vertraut machen. Zum freien und unabhängigen Arbeiten gehört in allen Konzepten die Möglichkeit der Selbstkontrolle.

Allerdings variieren sonst die Formen der Freien Arbeit in den einzelnen Konzepten, je nachdem worauf innerhalb des Gedankenguts der Schwerpunkt gelegt wurde.

7. Freiarbeit heute und die reformpädagogischen Ansätze

Die Darstellung verschiedener reformpädagogischer Ansätze hat deutlich gemacht, dass Freie Arbeit keine vollkommen neue Erscheinung im Bereich der Pädagogik darstellt. Trotzdem lassen sich die Konzepte und Ansätze nicht einfach auf unser heutiges Schulsystem übertragen. Die Zielsetzungen unserer Zeit unterscheiden sich von denen der Reformpädagogen. So will Montessori mit ihrem Ansatz vor allem ihrem christlich-religiösen Menschenbild gerecht werden. Ihre Auffassung vom Menschen sind aber keineswegs bewiesen, sondern beruhen vor allem auf ihrem Glauben. Schon allein deshalb kann Freiarbeit nicht für alle in der heutigen Zeit im Sinne Montessoris durchgeführt werden, da die Skepsis gegenüber ihrem Menschenbild bei vielen Pädagogen recht groß ist.

Von ihrem Ansatz her glaubt sie, die zu fördernden Fähigkeiten seien bereits im Menschen angelegt. Ihr Ziel ist es, diese Fähigkeiten zum Tragen zu bringen, eben durch das Unterrichtsprinzip der Freien Arbeit. Aktuelle Ansätze gehen aber eher davon aus, dass die Lernenden solche Fähigkeiten erhalten, also erlernen müssen, um im Leben bestehen zu können. Das Ziel besteht darin, diese Fähigkeiten zu entwickeln, um sie anwendbar zu machen. Aktuelle Ansätze wollen mit der Entwicklung von Selbständigkeit, Eigenverantwortung usw. die Lernenden dazu erziehen und bilden, ihr Leben in der Gegenwart und in der Zukunft eigenständig gestalten zu können. Die gesellschaftlichen Interessen sind dabei ebenfalls sehr groß, was bei Montessori vollkommen vernachlässigt wird. Bei ihr spielen gesellschaftliche Gegebenheiten nur eine untergeordnete Rolle; das Kind als Individuum steht im Mittelpunkt ihres Interesses. Dabei vernachlässigt sie allerdings, dass das Kind ja auch in einen Sozialisationsprozess eingebettet ist, welcher das Individuum Kind beeinflusst. Das Kind entfaltet sich auch durch gesellschaftliche Prozesse, nicht nur durch individuelle. Diese Einschränkung auf die Individualität kann Montessori vorgeworfen werden.

Auch von ihrem Anspruch an das didaktische Material bzw. an die Lernumgebung ist die heutige staatliche Schule gar nicht konzipiert. Unsere Schule muss mit Reformen innerhalb des bestehenden Rahmens beginnen, nicht eine radikale Veränderung durchführen. Hier wären Lehrende und Lernende und auch die Schulbehörde überfordert.

Aus all diesen Gründen scheint mir der Ansatz Montessoris nicht in einer Staatsschule verwirklichbar. Von seinen Grundüberzeugungen her ist dieser Ansatz wohl eher in einer Umgebung einsetzbar, wo diese Grundüberzeugungen ebenfalls vorherrschen.

Dies soll aber nicht bedeuten, dass nicht einige Anregungen aus der Montessori-Pädagogik in einem Konzept von Freiarbeit für unsere heutige Schule Eingang finden.

Auch bei Freinet waren die Verhältnisse für die Entwicklung seines Ansatzes andere als unsere heute. Er wollte eine unterprivilegierte Gruppe durch Bildung stärker in die Gesellschaft integrieren, während wir heute alle jungen Menschen auf diese Gesellschaft vorbereiten und sie zu mündigen Bürgern in dieser Gesellschaft erziehen wollen. Freinet kann vor allem als Vorreiter der Schuldruckerei und der Wochenplanarbeit bezeichnet werden. In seinem Ansatz gehen viele Arbeitsformen ein, die Tendenzen in Richtung Selbstorganisation aufweisen. Freie Arbeit spielt dabei nur eine geringe Rolle.

Peter Petersen entwickelte sein Konzept ebenfalls aufgrund spekulativer Annahmen und nicht durch empirische Forschung. Deshalb sind diese Ansätze meist schwer auf unsere Zeit übertragbar, da die Annahmen in der Zeit Petersens aktuell waren, was sie heute zum Teil eben nicht mehr sind. Der

Gemeinschaftsbegriff Petersens ist so idealisierend, dass er sich auf die heutige Gesellschaft nicht mehr übertragen lässt. Freie Arbeit findet bei ihm vor allem im Rahmen des Gruppenunterrichts, seinem zentralen Anliegen, statt. Die Ansprüche des Individuums bleiben fast völlig unberücksichtigt.

Helen Parkhurst dagegen betont die Individualität des einzelnen sehr stark, so stark, dass man sich fragen muss, wo in diesem Rahmen noch soziales Lernen, ein wichtiges Kriterium der Freien Arbeit, verwirklicht werden kann. Auch die Dominanz der schriftlichen Arbeitsanweisungen lassen sich im Dalton-Plan kritisieren. Diese begrenzen den Freiraum der Lernenden und erfordern einen enorm hohen Aufwand seitens der Lehrenden, zumal die Arbeitspläne individuell für die gesamte Unterrichtszeit zugeschnitten sein müssen. Die gesamte Unterrichtszeit bleibt der Selbstbildung vorbehalten, wobei ich in Frage stellen möchte, ob alle Bildungsinhalte selbständig erarbeitet werden können. Vor allem, weil die Arbeitsanweisungen ja von der Lehrperson vorgegeben werden, so dass die Lernenden nur in den Denkstrukturen der Lehrperson Selbstbildung vollziehen können. Die Freiheit der Schüler beschränkt sich also nur auf die zeitliche und räumliche und eingeschränkt auf die soziale Dimension.

Trotz dieser Einschränkungen halte ich den Dalton-Plan für eine Möglichkeit, Schüler die Möglichkeit zu geben, sich selbständig Bildungsinhalte anzueignen. Hier sind sicher viele Anregungen für Freiarbeit gegeben.

In dieser Weise scheint mir auch Gaudigs Ansatz interpretierbar für die heutige Zeit: Die Schwächen müssen erkannt und vermieden werden, die positiven Anregungen helfen, ein eigenes Konzept von Freiarbeit zu entwickeln. Gaudigs Überlegungen zu den methodischen Voraussetzungen halte ich beispielsweise für sehr bemerkenswert, allerdings darf das Methodische weder überbewertet noch bei einem bloßen Übernehmen durch die Lernenden stehen bleiben. Reflexionen und Auswahlmöglichkeiten bei der Methodenwahl sind unbedingt erforderlich. Bei Gaudig ist die Eigentätigkeit auf die selbsttätige Bearbeitung des Materials reduziert, also beschränkt auf das Verfahren. Aus dieser Selbsttätigkeit müssen sich durch weitere Elemente die Bereiche der Selbstentscheidung und der Selbständigkeit entwickeln lassen.

Ebenso wie bei Parkhurst muss gesagt werden, dass sich nicht alle Bildungsinhalte zur selbsttätigen Bearbeitung eignen. Neben selbstorganisierten Lernprozessen muss es auch angeleitete Lernformen geben.

Diese Reflexion der Reformpädagogik hat folgendes ergeben:

In allen Konzepten sind Elemente unseres heutigen Freiarbeitsverständnisses enthalten, trotzdem muss dieses Verständnis aber aus der heutigen Zeit entwickelt und begründet werden können. Eine Übernahme einer der Ansätze in unsere staatliche Schule halte ich für problematisch, da sie in einer anderen Zeit unter anderen Umständen entstanden sind. Ich halte es für notwendig, dass für die staatliche Schule ein eigenes Freiarbeitskonzept entwickelt wird, das den Bedingungen und Möglichkeiten der Schule gerecht werden kann. Dabei fließen sicher immer Ideen und Elemente aus der reformpädagogischen Bewegung ein, die auch in ein solches Konzept passen. Ich halte es dabei nicht für problematisch, wenn die einzelnen Elemente nicht mehr genau den entsprechenden Konzepten zugewiesen werden können, da sie aus der heutigen Zeit begründbar und anwendbar sein müssen. Die Entstehungsgeschichte spielt für die Übernahme solcher Elemente keine Rolle mehr, ebenso die dahinter stehenden Beweggründe, da sie ja in einen aktuellen Begründungszusammenhang eingebettet sind. So wie die reformpädagogische Bewegung ihre Ansätze aus der Geschichte übernommen hat, so können die Wurzeln des aktuellen Freiarbeitsverständnisses durchaus in der Reformpädagogik gesehen werden. Aus diesen Wurzeln sind aber neue Entwicklungen hervorgegangen, bildlich gesprochen neue Pflanzen, die zwar auf verschiedene Urpflanzen zurückgehen, sich aber den neuen Gegebenheiten angepasst haben, um überleben zu können. Dabei ist eine Mischung der verschiedenen Urpflanzen durchaus möglich.

Eine solche neue Pflanze kann in einem für das staatliche Schulwesen realisierbaren Freiarbeitskonzept bestehen, das mit Hilfe theoretischer und praktischer Zugänge entwickelt werden kann. Ein solches Freiarbeitskonzept habe ich in meiner Diplomarbeit entwickelt, analysiert und erprobt (vgl. Traub 1997). Im folgenden Kapitel wird dieses Konzept in leicht modifizierter und aktualisierter Fassung dargestellt. Dabei wird auch auf einzelne Probleme bei der Umsetzung des Konzepts eingegangen sowie Grundsatzvoraussetzungen beschrieben.

Arbeitsaufgabe:
1. Versuchen Sie die Hauptaussagen der einzelnen Reformpädagogen kurz für sich zusammen zu fassen:

Maria Montessori:

Celestin Freinet

Peter Petersen

Helen Parkhurst

Hugo Gaudig

2. *Welche Elemente der Freiarbeit würden Sie gerne von den Reformpädagogen übernehmen?*
   Schreiben Sie diese Elemente hier auf:

3. *Reformpädagogik heute: was bedeutet das für Sie?*

V. Umsetzungsmöglichkeiten von Freiarbeit durch praktikable Konzepte

Bei der folgenden Darstellung handelt es sich um ein Stufenkonzept, das über längere Zeit in der Realschule in verschiedenen Klassen erprobt wurde. Dieses Konzept ist entstanden durch die Rekonstruktion eines über ein Jahr dauernden mehrschichtigen Prozesses der Einführung, Erprobung und Überprüfung. Ein Freiarbeits-Konzept wurde entwickelt und durch die Anwendung in der Praxis ständig modifiziert. Am Entwicklungsprozess beteiligt waren drei Realschulklassen und drei Kolleginnen bzw. Kollegen. Ich selbst war ebenfalls Unterrichtende als auch "Forschende".

Im Prozess selbst wurden viele Daten gewonnen durch quantitative Befragung (Fragebogen) und durch qualitative Forschungsmethoden (Gruppendiskussion, Lehrertagebuch, Situationsschilderungen). So konnten alle am Erprobungsprozess Beteiligten, Lehrende wie Lernende, einbezogen werden.

Es entstand ein Konzept A, das über längere Zeit erprobt wurde. Die aus der ersten Erprobungsphase gewonnenen Kenntnisse wurden in ein modifiziertes Konzept B eingearbeitet. Dieses wurde dann wieder auf seine Praxistauglichkeit überprüft.

Es zeigte sich insgesamt, dass es kein allgemein für alle Klassen gleichermaßen geeignetes Freiarbeits-Konzept geben kann. Der Weg zur Freiarbeit vollzieht sich je nach Klasse, Lehrkraft und organisatorischen Voraussetzungen sehr unterschiedlich. Allerdings kann das entwickelte Rahmenkonzept (Stufenkonzept) als Orientierungshilfe dienen (vgl. Traub 1997) und sowohl in der Primarstufe als auch in der Sekundarstufe eingesetzt werden.

1. Vorüberlegungen

Aus meinen bisher gemachten Erfahrungen und aus der Analyse der Literatur ergeben sich wichtige Überlegungen für die Umsetzung von Freiarbeit:
1. Freiarbeit kann zunächst einmal als eine für Unterricht sinnvolle Methode gesehen werden, da die mit dieser Methode verbundenen Zielsetzungen (siehe Legitimation von Freiarbeit) erreicht bzw. angestrebt werden können. Bei der Entscheidung für Freiarbeit handelt es sich immer um eine didaktische Entscheidung. Es muss also gezielt überlegt werden, wo und wie Freiarbeit in einer Klasse eingesetzt werden kann. Nur diese bewusste Entscheidung ermöglicht die Vermeidung eines Methodenmix.

Dazu gehört auch, dass die Materialien für Freiarbeit didaktisch aufbereitete Materialien sind, also dem jeweiligen Freiarbeitskonzept angepasst werden. Es muss vermieden werden, dass einfach nur sich gerade auf dem Markt befindliche Materialien in die Freiarbeit gestellt werden, ohne diese didaktisch zu reflektieren. Diese didaktischen Überlegungen erfordern viel Zeit, sind aber notwendig, um wirklich die mit Freiarbeit angestrebten Zielsetzungen zu erreichen.
2. Freiarbeit muss in den „herkömmlichen" Unterricht eingebettet werden. Sie kann nicht als Prinzip verstanden werden, das den ganzen Unterricht durchzieht, sondern nur als eine Methode, die zusammen mit anderen, die Schüler auf den Weg zum selbstbestimmten, mitbestimmten und solidaritätsfähigen Menschen bringt. Arbeiten und Produkte aus der Freiarbeit müssen im „herkömmlichen" Unterricht aufgenommen, Aspekte des „herkömmlichen" Unterrichts in der Freiarbeit wiedergefunden werden. Eine Vielzahl von Unterrichtsmethoden aus den Bereichen des angeleiteten und des selbstorganisierten Lernens ermöglichen es erst, gemeinsam didaktische Prinzipien wie Offenheit und Selbsttätigkeit zu erreichen und so den Bildungszielen gerecht zu werden.
3. Freiarbeit ist ein Prozess, auf den Schüler sowie Lehrer langsam vorbereitet werden und hineinwachsen müssen. Um mit Freiarbeit als eigenständiger Unterrichtsmethode beginnen zu können, müssen bestimmte Voraussetzungen erfüllt werden, die in einer Vorstufe angeeignet werden können. Auf der Seite der Lehrenden bedeutet dies, dass sie sich mit der „Theorie" von Freiarbeit vertraut machen müssen, ihr Freiarbeitsverständnis daraus ableiten und sich konkret überlegen, was sie mit Freiarbeit in dieser Klasse erreichen wollen. Freiarbeit muss aufgrund didaktischer Entscheidung eingesetzt werden, nicht als Modeerscheinung. Die Lehrpersonen müssen ihre Klassen sehr genau beobachten, um herauszufinden, auf welchem Niveau sich die Klasse im Bereich der Methoden-, Sozial- und Gesprächskompetenzen befindet, um mit dem für diese Klasse geeigneten Freiarbeitskonzept zu beginnen. Dazu gehören dann auch organisatorische Überlegungen (Stundenanzahl, Fächer, Raumfrage usw.), die von den Lehrkräften im Vorfeld geklärt werden müssen. Außerdem muss sich die Lehrperson auch selbst beobachten, um die Funktion und Aufgabe, die ihr in der Freiarbeit zugewiesen ist, auch erfüllen zu können. Auf der Seite der Lernenden müssen diese über ein Repertoire an Kompetenzen verfügen, um Freiarbeit überhaupt wahrnehmen zu können. Dabei muss allerdings berücksichtigt werden, dass Freiarbeit Weg und Ziel der Aneignung eines solchen Repertoires darstellt. Dies

bedeutet, dass Grundlagen bereits gelegt sein müssen, dass diese aber auch durch die Freiarbeit immer weiter ausgebaut werden können. Ebenso müssen die Schüler langsam an selbstorganisierte Lernformen gewöhnt werden. Geht man von der Sichtweise aus, dass sowohl angeleitetes als auch selbstorganisiertes Lernen in der Schule verwirklicht werden sollen, dann muss versucht werden, diesem Anspruch gerecht zu werden. Auf die Schulpraxis übertragen heißt dies, Methoden selbstorganisierten Lernens müssen verstärkt werden, angeleitete Lernformen zurückgenommen werden, ohne dass darauf verzichtet werden darf, so dass ein ausgewogenes Verhältnis zwischen den beiden Lernaspekten entsteht. Dabei spielen natürlich auch Lernformen eine Rolle, die sich zwischen den beiden Polen Anleitung und Selbstorganisation abspielen. Da Schüler in der Praxis eher an angeleitete Lernformen gewöhnt sind, muss der Weg zum selbstgesteuerten Lernen langsam gegangen werden. Dies geschieht über Zwischenstufen und durch die Einführung anderer selbstorganisierter Lernformen. Freiarbeit sollte also immer in der Verbindung auch mit anderen „freieren" Unterrichtsmethoden eingeführt werden. Nur so können Schüler langsam von der Bindung zur Freiheit, von der Anleitung zur Selbstorganisation, von der Fremd- zur Selbstkontrolle und von Fremdbestimmung zur Selbsttätigkeit geführt werden. Hier müssen sich alle an der Freiarbeit Beteiligten verdeutlichen, dass es sich um einen Prozess handelt, der nur schrittweise vollzogen werden kann und der von allen Beteiligten Zeit und Geduld erfordert. Dies kann zu Beginn nur auf Kosten anderer Dinge geschehen, die zunächst vernachlässigt werden. Im Laufe der Zeit zahlen sich diese „Opfer" aber aus, nämlich dann, wenn man mit seiner Klasse einen gehbaren Freiarbeitsweg gefunden hat. Für ein solches pädagogisch befriedigendes Konzept muss man auch die anfangs vorhandene Mehrarbeit in Kauf nehmen, deren man sich bewusst sein muss. Die Organisation von Freiarbeit, das Herstellen und Aufbereiten der Materialien und die Vorbereitung aller Beteiligten beansprucht mehr Zeit als die Vorbereitung des herkömmlichen Unterrichts. Allerdings nur so lange, bis alle an einem Punkt angelangt sind, wo sie gelernt haben, mit Freiarbeit umzugehen. Wenn dieses Stadium des Prozesses erreicht ist, dann wird Freiarbeit zu einer echten Bereicherung für alle Beteiligten. Wichtig dabei ist, dass die Lehrer von einem "echten" Freiarbeitsbegriff ausgehen und nicht von einem „Verschnitt". Durch die theoretische und praktische Einarbeitung sollte dies möglich sein.

4. Freiarbeit ist eine Unterrichtsmethode, die sowohl Weg als auch Ziel der gewünschten Entwicklungen der Schüler darstellt. Nachdem erste Grundvoraussetzungen geschaffen wurden, können weitere Erweiterungen im Bereich der Kompetenzen auch durch Freiarbeit geleistet werden. Die geschaffenen Voraussetzungen müssen in der Freiarbeit einen Übungs- und Festigungsrahmen erfahren, aber bestimmte Kompetenzen müssen auch vorhanden sein, um mit Freiarbeit überhaupt erst beginnen zu können. Um Freiarbeit als Weg und auch als Ziel verstehen zu können, ist es auch sehr wichtig, immer wieder Reflexionen auf der Metaebene mit den Lernenden durchzuführen. So erhalten diese die Möglichkeit, sich ihren Entwicklungsstand bewusst zu machen. Sie lernen sich selbst und ihre Kompetenzen einzuschätzen, was ein wichtiges Kriterium hinsichtlich der Zielerreichung "Selbständigkeit" darstellt.
5. Im Rahmen des Stufenkonzepts muss jede Lehrkraft ein für ihre Klasse spezifisches Freiarbeitskonzept entwickeln, erproben und gegebenenfalls modifizieren. Die Konzepte A, B und C können dabei als Orientierungshilfe verwendet werden. Freiarbeit muss auf jede einzelne Klasse abgestimmt werden, die eine Freiarbeit kann es nicht geben. Deshalb ist auch eine Loslösung von den Beispielen aus der Literatur angebracht, ebenso wie eine kritische Betrachtung der vielen Erfahrungsberichte. Jede Lehrkraft muss Erfahrungen selbst machen, und zwar mit der eigenen Klasse. Als Grundsatz kann analog dem Satz "vom Leichten zum Schweren" hier der Satz gelten "von der noch stark angeleiteten zur vollkommen selbstorganisierten Freiarbeit".
6. Die in der Definition von Freiarbeit beschriebenen Prinzipien lassen sich mehr oder weniger realisieren. Je gebundener die Freiarbeit ist, um so eingeschränkter sind auch die Prinzipien in ihrer Verwirklichung. Damit von Freiarbeit überhaupt noch gesprochen werden kann, müssen diese Prinzipien aber erkennbar sein. Sie müssen ansatzweise in jedem Konzept verwirklichbar bleiben.

2. Darstellung des Stufenkonzepts

Freiarbeit ist ein lebendiger Prozess mit Misserfolgen und Rückschlägen, aber auch mit vielfältigen Erfahrungsmöglichkeiten, die zum Weitermachen ermutigen. Dabei ist es hilfreich, sich an vorhandenen Konzepten zu orientieren.
 Die Ergebnisse meiner Analyse über Freiarbeitskonzepte haben zu einer Bewertungs- und Arbeitshilfe geführt, die als Grundlage für den Entwurf eigener, den jeweils schultypischen Bedingungen angepasster Praxiskonzepte von Freiarbeit dienen können. Sie liefern kein starres Konzept, sondern sind offen für Weiterentwicklungen.
 Um ein eigenes Konzept zur Verwirklichung von Freiarbeit für die eigene Klasse zu finden, habe ich meine Analyse- und Erprobungsergebnisse in diesem Teil der Arbeit systematisiert und stelle sie als Stufenkonzept vor. Dieses Stufenkonzept muss als Vorschlag zur Verwirklichung von Freiarbeit verstanden werden, da ich mir durchaus bewusst bin, dass es noch andere Möglichkeiten der Umsetzung von Freiarbeit gibt.
 Die Bezeichnung Stufenkonzept für verschiedene Konzepte von Freiarbeit ist deshalb einleuchtend, weil der Einsatz des jeweiligen Konzepts abhängig ist von der Stufe, die die Klasse und ihre Lehrpersonen auf der Freiarbeitstreppe erklommen haben. Bei Stufe 1 kann davon ausgegangen werden, dass Lehrende und Lernende wenig Voraussetzungen für Freiarbeit mitbringen und am Beginn der Freiarbeitstreppe stehen. Nach einiger Zeit lernen sie, mit dem auf Stufe 1 praktizierten Konzept umzugehen und steigen eine Stufe höher. Sie haben vorhandene Kompetenzen ausgebaut und neue entwickelt. Hier kann mit einem anderen Konzept gearbeitet werden. So kann langsam die Freiarbeitstreppe erstiegen werden. Klassen, die schon Voraussetzungen mitbringen, können z.B. gleich auf Stufe 2 beginnen. Dazwischen gibt es natürlich auch Zwischenschritte, die eingelegt werden können; dies sind dann Entscheidungen, die jede Lehrkraft für sich treffen muss. Dabei muss klar sein, dass Freiarbeit nicht an bestimmte Altersstufen gebunden ist, sondern dass sie konzeptionell für jede Altersstufe und damit für jede einzelne Klasse überdacht werden muss.
 Von diesen Überlegungen und meinen Analyseergebnissen ausgehend, habe ich verschiedene Konzepte entwickelt, auf die, entsprechend den Voraussetzungen der Klasse, zurückgegriffen werden kann.
 Die Konzepte, die durch die Erprobungsphase entstanden sind, werden hier mit A, B und C bezeichnet.

Ziel: Mündiger und selbständiger Bürger

Konzept D

Konzept C

Stufe 3

Konzept B

Stufe 2

Konzept A

Stufe 1

Klassen
Gesprächs-, Sozial- und Methodenkompetenzen

geringe Kompetenzen | Kompetenzen vorhanden | Kompetenzen gut ausgeprägt

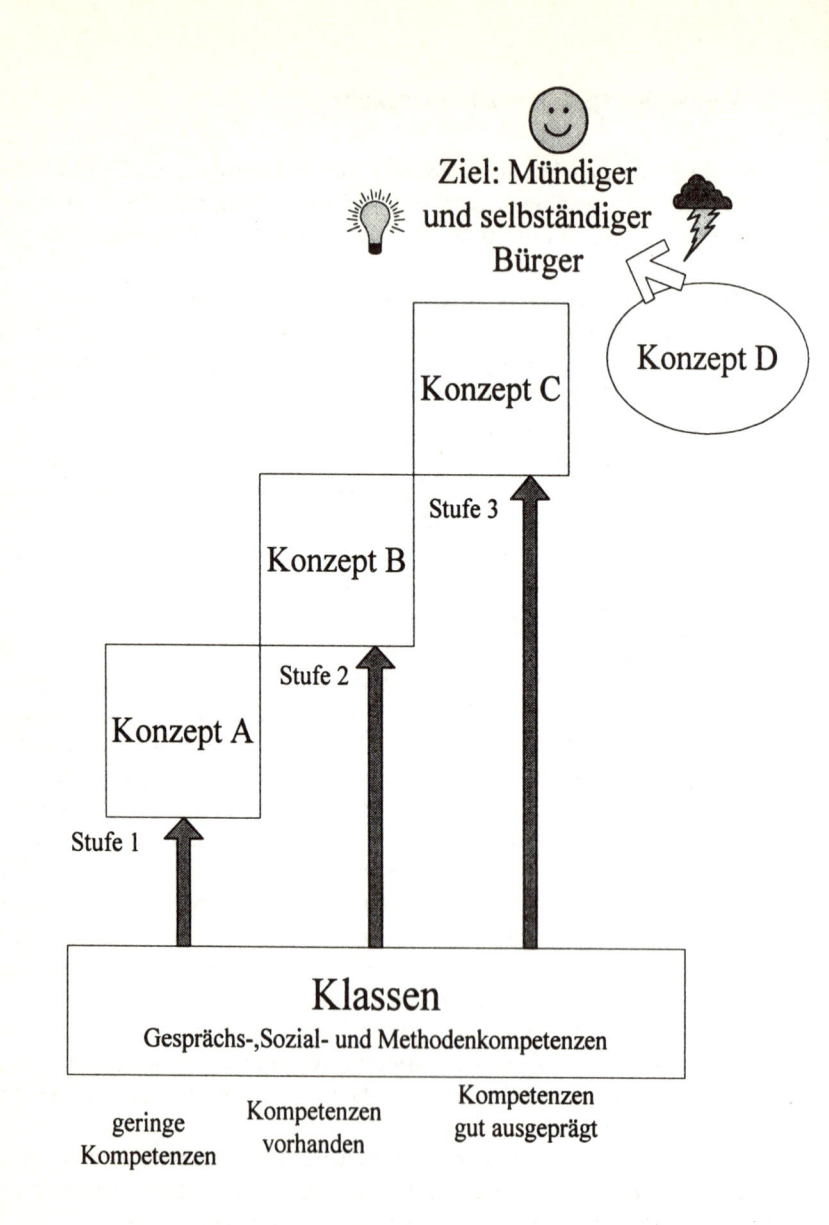

Abb.5: Überblick über die Stufenkonzepte

2.1. Voraussetzungen für den Beginn mit Freiarbeit

Bevor überhaupt mit Freiarbeit begonnen werden kann, muss die Lehrkraft sich selbst und die Klasse beobachten, um herauszufinden, welche Kompetenzen bereits in der Klasse vorhanden sind. Solche Grundkompetenzen müssen in einer Vorstufe vermittelt werden, da sie unabdingbare Voraussetzung für den Beginn mit Freiarbeit darstellen. Dies um so mehr, als das Konzept davon ausgeht, dass Freiarbeit ohne andere, stärker gebundenere Formen in der Schule eingeführt werden kann. Freiarbeit also nicht als offenste Form, die nur über die Vorstufen wie Wochenplan, Binnendifferenzierung, Themenplanarbeit erreicht werden kann, sondern Freiarbeit als eine Methode, mit der jede Lehrkraft nach Berücksichtigung der jeweiligen Voraussetzungen sofort beginnen kann. Wenn eine Klasse bereits über ein Grundrepertoire verfügt, kann auf einer entsprechenden Stufe des Rahmenkonzepts mit Freiarbeit begonnen werden, ist dies nicht der Fall, muss im Vorfeld bei den Schülern ein solches Grundrepertoire geschaffen werden. Dieses Grundrepertoire muss soweit entwickelt werden, dass Schüler mit Konzept A in die Freiarbeit einsteigen können.

Die didaktische Aufbereitung der Materialien hängt davon ab, über welches Grundrepertoire die Schüler verfügen. Zum Beispiel kann ich keine Arbeitsanweisung geben, ein Exzerpt herzustellen, wenn die Schüler gar nicht wissen, was das ist bzw. die Erstellung eines Exzerptes noch nicht gelernt haben. Wurde so etwas mit den Schülern geübt, dann kann diese Technik in der Freiarbeit angewandt und weiter vertieft bzw. erweitert werden. Die Lernenden lernen den bewussten Einsatz einer solchen Arbeitstechnik dann auch in der Freiarbeit. Die Erstellung von Exzerpten sollte dann aber auch immer wieder in anderen Unterrichtsformen (angeleitet oder selbstorganisiert) durchgeführt werden. Damit kann das Exzerpt als Mittel zum Zweck im Unterricht eingesetzt werden, um sich über bestimmte Sachinhalte Klarheit zu verschaffen. Die Technik des Erstellens eines Exzerpts kann aber auch selbst zum Thema des Unterrichts gemacht werden, so dass sie zum Unterrichtsinhalt wird. Beide Möglichkeiten sind notwendig, um Schüler im Gebrauch dieser Arbeitstechnik zu schulen. In der Freiarbeit ist eine weitere Schulung möglich.

Kompetenzen müssen also in anderen Unterrichtsformen eingeübt werden und können dann in die Freiarbeit in Form von Materialien aufgenommen und geübt werden. Dabei können diese Kompetenzen erweitert und verfeinert werden. Das Repertoire vergrößert sich also auch durch die Freiarbeit. Selbstverständlich eignen sich auch Freiarbeitsstunden, die als Reflexionsstunden und Metadiskussionen verwendet werden dazu, weitere Arbeitstechniken und Methoden für die Schüler erfahrbar zu machen. Dies wird dann zu einem integrierenden Bestandteil von Freiarbeit.

In diesem Zusammenhang möchte ich nochmals darauf aufmerksam machen, dass die Entwicklung und Förderung von Grundfähigkeiten und -fertigkeiten vor der Einführung von Freiarbeit wichtig und notwendig ist bzw. dies die erste Stufe von Freiarbeit darstellen kann. Zu beachten ist allerdings, dass ich nicht erwarten darf, dass die Schüler alle Techniken und Methoden beherrschen, bevor mit Freiarbeit begonnen wird. Im Gegenteil, Freiarbeit soll ja auch mithin der Ort sein, wo die Kompetenzen entwickelt, erprobt und eingeübt werden können. Dies intendiert ja auch die Beschreibung von Freiarbeit als Unterrichtsmethode der zweiten Ebene nach Adl-Amini, nämlich sowohl Weg als auch Ziel in Richtung Bildung der jungen Menschen zu sein.

Im folgenden muss überlegt werden, aus welchen Kompetenzen ein solches Grundlagenrepertoire von Schülern bestehen muss und wie sie sich dieses aneignen können.

Ich schlage folgendes Vorgehen vor:
- Ein Lehrer möchte mit Freiarbeit aus didaktischen Überlegungen heraus beginnen. Seinem Vorwissen liegt ein Freiarbeitsverständnis in dem dieser Arbeit zugrunde liegendem Sinne vor. Er hat seine Schüler beobachtet und dabei festgestellt, dass zunächst Grundlagenkompetenzen vermittelt werden müssen.
- Es werden eine bis zwei Stunden der Woche für die Vermittlung dieser Kompetenzen verwendet. Dabei handelt es sich um die Stunden, in denen später Freiarbeit gemacht werden soll. Beteiligt sein können mehrere Fächer, aber auch nur eines.
- Die Schüler werden genau über Freiarbeit informiert. Ziele, Begründungen und der vorgesehene Ablauf werden dargestellt. Gemeinsam werden Probleme erörtert und Überlegungen zum Vorgehen erarbeitet. Die Schüler brauchen die Einsicht, dass sie für die Freiarbeit zunächst Grundfähigkeiten erlernen müssen.
- Diese Grundfähigkeiten werden jetzt bewusst trainiert und eingeübt. Dies geschieht außer in den dafür vorgesehenen Freiarbeitsstunden auch immer wieder im gesamten Unterricht, so dass sich diese Fertigkeiten, Techniken und Methoden automatisieren. Außerdem handelt es sich ja um Techniken und Methoden, die auch außerhalb der Freiarbeit wichtig sind. Dabei ist darauf zu achten, dass die Methoden und Techniken auch immer wieder mit den Schülern reflektiert werden, so dass sie auch ein Verständnis für den Gebrauch der Methoden entwickeln. In dieser Zeit

erlernen die Schüler z.B. wie man mit einem Partner und in einer Gruppe arbeitet, wie man sich während eines Gespräches oder einer Diskussion verhält und sonstige weitere wichtige soziale Kompetenzen. Außerdem wird ihnen vermittelt, wie man mit einem Text umgehen kann, um daraus Informationen zu erhalten, wie man z.b. Exzerpte erstellt, mindmaps anfertigt oder sich die wichtigsten Informationen aus einem Text notiert. Hier kann auch besprochen werden, wie Referate erstellt werden, wie man sich Informationen zu einem Thema beschafft oder wie man mit einem Lexikon umgeht.

- Diese Trainingsphase wird einige Zeit (ca. 1 Monat) durchgeführt, so lange, bis davon ausgegangen werden kann, dass die Schüler einzelne Fähigkeiten jetzt anwenden können. Diese Techniken werden dann in der Freiarbeit, aber auch im übrigen Unterricht weiter ausgebaut, vertieft und geübt. Sie müssen also nicht vor Beginn mit Freiarbeit bis zur Perfektion beherrscht werden.
- Bevor dann mit Konzept A in die Freiarbeit eingestiegen werden kann, werden die Methoden erneut reflektiert und ihr Einsatz mit den Lernenden besprochen.

Im folgenden werden noch einige konkrete Beispiele genannt, die zu einem Grundrepertoire gerechnet werden können. Sie beanspruchen aber keine Vollständigkeit. Außerdem kann dies auch noch einmal von Klasse zu Klasse variieren. Die notwendigen Kompetenzen werden aufgeteilt in Methoden-, Sozial-, und Gesprächskompetenzen.

1. Methodenkompetenz: Hierunter werden alle Fähigkeiten und Fertigkeiten verstanden, die notwendig sind, um methodisch arbeiten zu können. In dieser Phase wichtig sind z.B.:

- Texte sinnverstehend lesen können
- wichtige Textstellen erkennen und unterstreichen können
- richtiges Arbeiten und Einsetzen eines Lexikons
- Arbeitsanweisungen genau lesen und verstehen
- konzentriert an einer Sache arbeiten
- selbständiges Führen eines Freiarbeitsordners
- Entwicklung eines eigenständigen Arbeitsverhaltens
- Erstellen von Folien, Plakaten
- Entwicklung eigener Darstellungsformen

Auf diese Kompetenzen muss im Unterricht immer wieder eingegangen und sie müssen ganz bewusst geübt werden. Diese Kompetenzen stehen vor allem auch in Verbindung zu anderen Unterrichtselementen und lassen sich dort gut einordnen.

2. Sozialkompetenz: Hierzu gehören alle Bereiche, die für das soziale Verhalten wichtig sind, z.B.:
- Beherrschen verschiedener Sozialformen: Partner- und Gruppenarbeit
- Eingehen lernen auf andere
- Beherrschen bestimmter Umgangsregeln
- Kennen einiger wichtiger Spielregeln
- gegenseitiges Helfen und Unterstützen
- Rücksichtnahme auf andere

Diese Kompetenzen müssen dann auch immer wieder thematisiert und das Verhalten besprochen werden. Zunächst reicht es sicher aus, immer wieder Aufgaben in Partnerarbeit lösen zu lassen und die Ergebnisse dann gemeinsam zu besprechen. Dabei muss auch zur Sprache kommen, wie die einzelnen Paare zusammen gearbeitet haben. Nur so erfahren die Schüler Möglichkeiten des gemeinsamen Arbeitens und können diese auch in der Freiarbeit anwenden. Hierzu eignen sich auch Übungen, die in Form von Lernspielen praktiziert werden können.

3. Gesprächskompetenz: Hierzu werden Fähigkeiten gerechnet, die notwendig sind, um sinnvoll miteinander Gespräche führen zu können, z.B.
- Beachtung aufgestellter Gesprächsregeln:
- einander zuhören zu können,
- aufeinander eingehen,
- sich nicht ins Wort fallen usw.

Diese Kompetenzen können durch eine Gesprächserziehung erlernt werden.

Bevor nun mit Freiarbeit begonnen werden kann, bietet es sich an mit den Schülern gemeinsam Regeln zum Verhalten während der Freiarbeit aufzustellen. An diese Regeln sollten sich Lehrende und Lernende halten, deshalb müssen sie auch gemeinsam abgesprochen werden.

Außerdem muss über die Arbeitsweise in der Freiarbeit immer wieder reflektiert werden. Dazu bieten sich verschiedene Reflexionsgespräche an, die in regelmäßigen Abständen durchgeführt werden sollten. Hierfür setzen sich Lehrer und Schüler in einem Kreis zusammen und besprechen, was zur Zeit gut und was weniger gut in der Freiarbeitsphase läuft. Hier ist Platz für die Besprechung von Problemen und das Finden von Lösungen. Da Lehrer und Schüler in schriftlicher Form über jede Freiarbeitsstunde kurz reflektieren (Freiarbeitsordner), können diese Stichworte bei der Metareflexion herangezogen und darüber gesprochen werden. So können Schwierigkeiten mit der Unterrichtsform Freiarbeit relativ schnell besprochen und dann auch überwunden werden.

Beispiel für einen Regelkatalog zur Freiarbeit:
1. Im Klassenzimmer muss Zimmerlautstärke herrschen.
2. Wenn jemand Hilfe braucht, versuche ihm zu helfen.
3. Führe angefangene Arbeiten zu Ende.
4. Gehe sorgfältig mit dem Material um.
5. Stelle das Material nach Gebrauch wieder an den dafür vorgesehenen Platz.
6. Führe deinen Freiarbeitsordner sorgfältig.

2.2. Freiarbeit nach Konzept A:

Konzept A ist die gebundenste Form des Stufenkonzepts. Hier erhalten die Schüler relativ genaue Anweisungen und Vorgaben. Dies hilft, sich in der Freiarbeit zu orientieren und mit den Prinzipien der Freiarbeit langsam zurechtzukommen.

Das Konzept kann dann eingesetzt werden, wenn die ersten Grundvoraussetzungen geschaffen worden sind. Die Materialien sind hier noch sehr stark didaktisch aufbereitet.

In die Praxis umgesetzt sieht die Anwendung des Konzeptes A folgendermaßen aus:

Ein Lehrer entschließt sich mit seiner Klasse Freiarbeit in einem oder in mehreren Unterrichtsfächern durchzuführen. Er hat sich selbst die notwendigen Kenntnisse über Freiarbeit im Selbststudium oder während einer Lehrerfortbildung angeeignet. Er entscheidet sich für Konzept A, weil er weiß, dass seine Klasse bereits geringe Erfahrungen in Partner- und Gruppenarbeit hat, dass sie auch immer wieder mit Texten arbeiten usw.. Er schreibt der Klasse geringe Gesprächs-, Methoden- und Sozialkompetenzen zu.

Zunächst einmal bespricht er mit der Klasse sein Vorhaben. Er erklärt, welchen Sinn die Freiarbeit hat, wovon die Schüler profitieren können und erläutert auch den Ablauf der Freiarbeit. Wenn sich die Klasse auf die Freiarbeit ebenfalls einlassen will (die Argumente müssen entsprechend überzeugend sein), dann kann mit Konzept A begonnen werden.

Dazu bereitet der Lehrer zunächst verschiedene Materialien vor. Diese können anfangs durchaus mehrfach in die Freiarbeit gelegt werden, damit der Lehrer zu Beginn nicht gleich mit der Materialienerstellung überfordert ist (Tipps zur Materialienerstellung siehe Kapitel VI.). Bei der Erstellung von Materialien muss der Lehrer darauf achten, dass die Schüler noch sehr genaue Anweisungen erhalten, wie die Materialien zu benutzen sind, welche Ziele damit verbunden sind, in welcher Sozialform die Aufgaben zu bearbeiten sind usw.. Die Arbeitsanweisungen müssen klar und eindeutig sein und die Fragestellungen sind noch sehr stark in angeleiteter Form gehalten. Die verschiedenen Materialien bringt der Lehrer nun in den Unterricht ein. Er muss die Arbeit mit den Materialien sehr genau mit seinen Schülern besprechen und ihnen deutlich machen, wie mit den Materialien umzugehen ist. Die Materialien sind vom Lehrer nummeriert und in eine Inventarliste eingetragen worden, die jeder Schüler zur besseren Orientierung erhält. Danach werden die Materialien in einen Schrank oder ein Regal (oder eine sonst frei nutzbare Fläche) eingeordnet.

Nun legt der Lehrer gemeinsam mit den Schülern die Zeit fest, in der Freiarbeit durchgeführt werden soll. Zu Beginn bieten sich ein bis zwei Stunden Freiarbeit pro Woche an. Diese Stunden setzen sich so zusammen, dass jedes Fach, das sich an der Freiarbeit beteiligen will eine Stunde dafür zur Verfügung stellt, diese also in den Freiarbeitspool gibt. Fängt ein Lehrer zunächst alleine in seinen Fächern mit Freiarbeit an, dann kann er eben nur eine oder zwei Stunden dafür zur Verfügung stellen. Es muss genau festgelegt werden, an welchen Stunden in der Woche diese Arbeitsform durchgeführt werden soll. Dies sollte dann vom Lehrer auch an den Schulleiter rückgemeldet werden, damit dieser über die Aktivitäten im Klassenzimmer Bescheid weiß.

Danach müssen sich Lehrer und Schüler überlegen wie sie die Auswahl an Materialien organisieren sollen. Bewährt hat sich dabei das sogenannte Rotationsverfahren. Die Schüler gehen abwechselnd an die Materialienausleihe und suchen sich ein Material aus. Dies geschieht rotierend, so dass jeder einmal als erster und als letzter am Material war. Damit die Entscheidung für ein Material nicht so schwer fällt, gibt es die Inventarliste, die den Schüler über das Material in Stichwörtern informiert (siehe Kapitel VI), so dass er seine Wahl danach ausrichten kann. Die Freiarbeitsmaterialien sind in drei Blöcke aufgeteilt. Block 1 enthält Materialien, die vor allem zum Üben, Wiederholen und Festigen bereits besprochener Lerninhalte dient. Bei Konzept A handelt es sich dabei um Materialien, die von den Fächern zur Verfügung gestellt werden, die auch eine Stunde in den Freiarbeitspool geben. Block 2 beinhaltet eher Materialien zu Zusatzthemen, außerunterrichtliche Sachverhalte usw. . Hier werden auch Konzentrations- oder Lernspiele behandelt, ebenso wie Zeitungen oder bestimmte Zeitschriften hineingestellt. Hier können sich auch Materialien befinden, die von Kollegen anderer Fächer in die Freiarbeit gestellt werden. Zum Beispiel von solchen Kollegen, die einige geeignete Materialien haben, aber keine Stunde dafür zur Verfügung stellen wollen. Block 2 bleibt vom Pflichtbereich ausgenommen, hier haben die Schüler generell freie Auswahl.

Block 3 beinhaltet Materialien zu aktuellen Themen des Unterrichts. Das bedeutet, dass zu den Themen, die gerade im Unterricht behandelt werden, Materialien erstellt werden, so dass in der Freiarbeit auch den Unterricht aktuell begleitende Materialien vorliegen. Diese können zum Üben dienen, ebenso zur Vertiefung und Erweiterung des Gelernten, sie können die Schüler aber auch zur eigenen Erarbeitung neuen Unterrichtsstoffes anregen.

Bei Konzept A sind die Prinzipien der Freiarbeit nur ansatzweise erfüllt. Dies liegt vor allem daran, dass der Lehrer einen Pflichtmaterialienteil zu den Blöcken 1 und 3 vorsieht und die Lernenden dieses Pflichtpensum auf jeden Fall absolvieren müssen. Dabei gibt der Lehrer die Anzahl an Materialien an und auch, welche Materialien bearbeitet werden müssen. Dadurch kann der Lehrer davon ausgehen, dass wichtige Lerninhalte von den Lernenden tatsächlich bearbeitet werden. In diesem Stadium der Freiarbeit ist das sehr hilfreich, weil durch die Freiarbeitsstunden ja reguläre Unterrichtszeit wegfällt und so Lehrer und Schüler Gewähr haben, für den weiteren Ablauf des Unterrichts Richtiges und Sinnvolles aus der Freiarbeit ausgewählt zu haben.

Bei der Auswahl ihres Materials entscheiden die Schüler auch, in welcher Sozialform sie arbeiten möchten, wenn diese nicht bereits vorgegeben ist. Sie suchen sich einen Arbeitsplatz aus und beginnen mit ihrer Arbeit. Die meisten Materialien sollten eine Möglichkeit der Selbstkontrolle beinhalten (siehe Kapitel VI), Materialien ohne Selbstkontrolle müssen vom Lehrer überprüft werden. In der Freiarbeit sind die Fächergrenzen aufgehoben. Die Schüler können sich über den Pflichtteil hinaus vollkommen frei entscheiden, welche Materialien aus welchen Fächern sie weiterhin bearbeiten wollen.

Nach der Bearbeitung und Kontrolle des Materials notieren sich die Schüler ihre Ergebnisse in einem Freiarbeitsordner. In diesem befindet sich vorne die Inventarliste, wo Lehrer und Schüler dokumentieren, welche Materialien sie bearbeitet haben. Darüber hinaus wird die Bearbeitung im Freiarbeitsordner vorgenommen, in dem die Schüler die Nummer des Materials, den Block und das Bearbeitungsdatum notieren. Dann bearbeiten sie die Materialien und notieren die schriftlichen Antworten ebenfalls im Ordner. Sind keine schriftlichen Aufgaben zu bewältigen, notieren die Schüler kurz im Ordner, was sie wie gearbeitet haben.

Anschließend erfolgt eine kurze schriftliche Reflexion über das Material, das gleichzeitig dem Lehrer als Rückmeldung dient, wenn er die Ordner kontrolliert.

Dann wird das Material an seinen Platz zurückgestellt und der Schüler wählt ein neues Material seiner Wahl aus. Dabei entscheidet er selbst, wie lange und intensiv er sich mit einem Material beschäftigen möchte. Jedes

Material, für das sich der Schüler einmal entschieden hat, muss auch zu Ende bearbeitet werden.

Der Lehrer führt in dieser Zeit Aufsicht, er kontrolliert Freiarbeitsordner, beantwortet Fragen und beobachtet vor allem seine Schüler, um Aufschlüsse über ihr Arbeitsverhalten zu erhalten.

Der Lehrer kontrolliert in regelmäßigen Abständen die Freiarbeitsordner seiner Schüler und kommentiert ihre Arbeit. Diese verbale Rückmeldung wird vom Schüler zur Kenntnis genommen und er kann darauf hin mit dem Lehrer über sein Arbeitsverhalten sprechen. Vor allem aber überprüft der Lehrer auch, ob die Pflichtanteile ordnungsgemäß und richtig bearbeitet wurden.

Das Konzept A im Überblick:
- Zeit: Ca. zwei einzelne Stunden oder eine Doppelstunde pro Woche.
- Pool: Verschiedene Fächer stellen jeweils eine Stunde für den Freiarbeitspool zur Verfügung, meist sind es Deutsch, Mathe und Englisch.
- Auswahlverfahren: Rotationsverfahren;
- Aufteilung der Materialien in drei Blöcke:
  1. Block: Übungs-, Wiederholungs- und Lernmaterialien ...
  2. Block: Spiele, andere Fächer, Phantasiematerialien ...
  3. Block: aktuelle Materialien, passend zur Unterrichtseinheit;
- Inventarliste: differenziert nach Blöcken, Sozialform, Schwierigkeitsgrad, Oberbegriff des Materials, Platz für Kontrollunterschrift des Lehrers.
- Pflichtmaterialien: Block 1: Je fünf bestimmte Materialien aus den Fächern, die eine Stunde geben. Block 2: Keine Vorgaben. Block 3: Drei bestimmte Materialien aus den Fächern, die eine Stunde geben. Die Lehrperson wählt aus den Blöcken jeweils bestimmte Materialien aus, die zur Pflicht gemacht werden; diese sind in Mehrfachausführungen vorhanden.
- Freiarbeits-Ordner: Alle Ergebnisse und Tätigkeitsbereiche werden eingetragen; es muss zu jeder Stunde etwas im Ordner vermerkt werden. Die Lehrkraft bestätigt den Arbeitsvollzug mit Unterschrift.
- Freiheit bezüglich: Fach, Inhalt, Sozialform, Darstellung, gegenseitige Hilfsmöglichkeiten, mit starken Einschränkungen durch Pflichtmaterialien. Diese Freiheit gilt im Rahmen der durch die Grundvoraussetzungen geschaffenen Möglichkeiten.

- Im Rahmen der Freiarbeit innerhalb des Konzepts A können die Arbeitstechniken, Methoden und Fertigkeiten weiter gefestigt und geübt werden, die bei den Grundvoraussetzungen geschaffen wurden.

Nebenbei kann und muss das Repertoire weiter ergänzt und vertieft werden. Neue, anspruchsvollere Techniken müssen eingeführt und geübt werden. Diese beziehen sich wieder auf die Bereiche Methoden-, Sozial- und Gesprächskompetenz. Die Vermittlung dieser Kompetenzen kann wieder im gesamten Unterricht durchgeführt werden. Möglich ist auch, eine der vorgesehenen Freiarbeitsstunden pro Woche für diesen Kompetenzerwerb zur Verfügung zu stellen. Wie bereits beim Erwerb des Grundlagenrepertoires muss aber gesagt werden, dass alle gelernten Methoden in und außerhalb der Freiarbeit geübt werden müssen.

```
┌─────────────────────────────────────────────────┐
│     Materialien aus einem oder mehreren Fächern │
└─────────────────────────────────────────────────┘

┌─────────────────────────────────────────────────────────┐
│ didaktisch stark aufbereitet und mit genauen Arbeitsanweisungen versehen │
└─────────────────────────────────────────────────────────┘

   Block 1              Block 2              Block 3

 Pflichtteil:                               Pflichtteil:
 Anzahl und                                 Anzahl und
 Mat. vorge-                                Mat. vorge-
 geben                                      geben

                      Inventarliste
              stellt her        wählt aus

     L          hilft/fragt          S

           kontrolliert    Freiarbeits-    muss führen
                           ordner
```

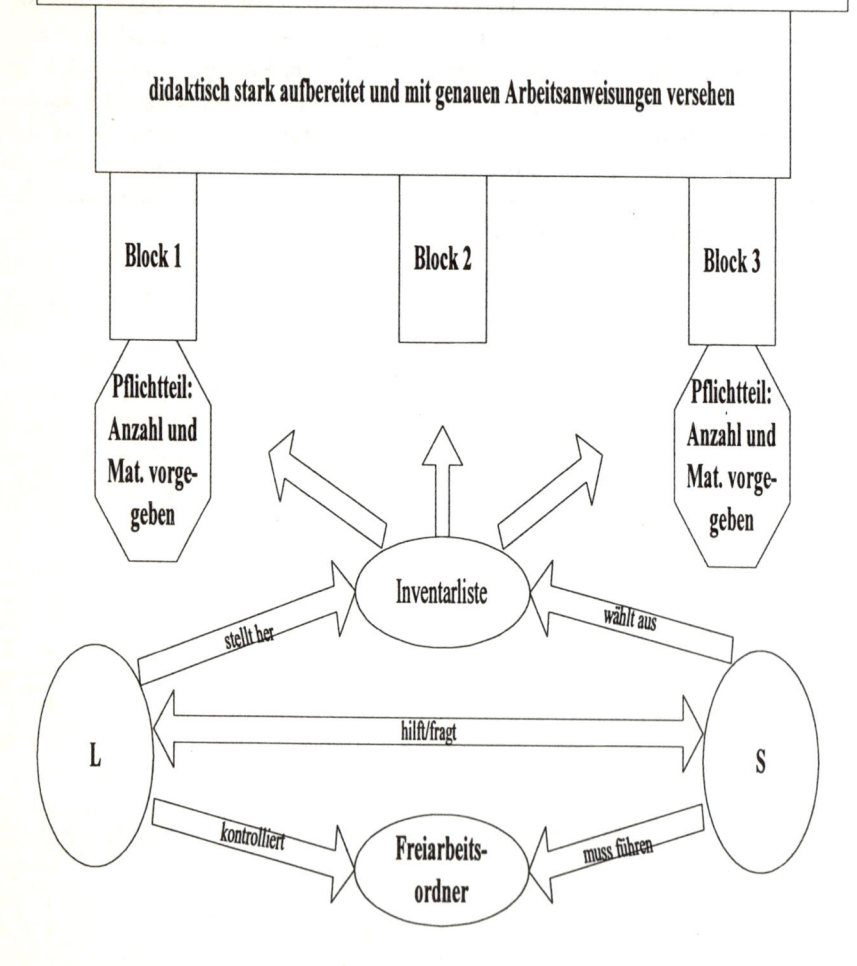

Abb.6: Konzept A: Dem Freiarbeitsprinzip wird ansatzweise entsprochen

2.3. Freiarbeit nach Konzept B

Bei diesem Konzept handelt es sich um eine Variation, die schon gewisse Grundlagen für Freiarbeit voraussetzt. Auf dieser Stufe kann begonnen werden, wenn die Schüler bereits freiarbeitserprobt sind bzw. durch andere selbstorganisierte Lernformen gelernt haben, selbstgesteuert zu lernen. Allerdings ist die Freiheit auch hier noch an einige Anweisungen gebunden. Das Konzept B kann auch dann eingesetzt werden, wenn die Lernenden mit Konzept A bereits gut umgehen können, und die Lehrkraft die Selbstorganisation der Schüler erweitert haben möchte.

Bei der Umsetzung in die Praxis ist hier folgendes zu beachten:

Es muss mindestens eine Doppelstunde und ein bis zwei weitere Stunden für Freiarbeit zur Verfügung stehen. Dabei sollten nicht nur die Hauptfächer, sondern auch Nebenfächer mit einbezogen werden.

Der Ablauf der Materialienauswahl entspricht Konzept A. Das Rotationsverfahren, die Kennzeichnung der Materialien und die Inventarliste werden beibehalten. Die Inventarliste hat für einen bestimmten, vorher festgelegten Zeitraum (ca. 3 Monate) Gültigkeit. Innerhalb dieses Zeitraums müssen von den Schülern eine bestimmte Anzahl an Materialien aus Block 1 und 3 als Pflichtmaterialien bearbeitet werden. Die Schüler können sich aber frei entscheiden, welche Materialien sie aus diesen Blöcken auswählen, es wird kein bestimmtes Material vorgegeben. Für die aktuellen Materialien muss der Zeitraum allerdings dem laufenden Unterricht angepasst werden. Die Schüler kennzeichnen die Materialien, die sie bereits bearbeitet haben. Die Anzahl der zu bearbeitenden Materialien muss so beschränkt sein, dass für jeden Schüler noch genügend Zeit bleibt, sich selbständig für weitere Materialien zu entscheiden. Es darf also nicht der ganze Zeitraum der Freiarbeit für Pflichtmaterialien belegt sein.

Schüler, die nicht in der Lage sind, sich selbständig für Pflichtmaterialien zu entscheiden, müssen dann aus der Freiarbeit herausgenommen werden. Diesen muss eine Arbeit zugewiesen werden, so dass sie ihr Lernpensum ebenfalls einigermaßen erfüllen können. Allerdings sollte diese Maßnahme erst dann eingesetzt werden, wenn auch Gespräche mit dem Schüler nicht zum gewünschten Erfolg führen. Die meisten Schüler lassen sich durch Hinweise und Ratschläge dazu bewegen, sinnvoll zu arbeiten.

Neben der Lockerung des Pflichtanteils ist auch die Aufgabenstellung der Materialien eine andere geworden. Die Arbeitsanweisungen sind wesentlich offener zu formulieren, es müssen verschiedene Alternativen der Bearbeitung angegeben werden und die Schüler sollten zunehmend auch die Sozialform selbst bestimmen können, in der sie arbeiten wollen. Damit erhalten die Freiarbeitsprinzipien hier eher Gültigkeit, ihnen wird bereits in großen Ansätzen entsprochen.

Die Inventarliste wird ebenfalls leicht verändert eingesetzt. Es ist in diesem Konzept nicht mehr notwendig, dass der Schüler nach jeder Fertigstellung einer Arbeit zum Lehrer geht und sich dieses durch Unterschrift bestätigen lässt. Hier wird dem Schüler bereits mehr Verantwortung zugestanden, er selbst muss entscheiden ob er sinnvoll und angemessen arbeitet.

Die Kontrolle des Freiarbeitsordners bleibt erhalten, allerdings wird der Ordner in größeren Abständen kontrolliert. Vor allem die Rückmeldung über das Arbeitsverhalten bleibt allerdings erhalten.

Konzept B im Überblick:
- Zeit: Zwei bis drei einzelne Stunden oder eine Doppelstunde plus eine einzelne Stunde pro Woche.
- Pool: Verschiedene Fächer stellen jeweils eine Stunde für den Pool zur Verfügung, meist sind es Deutsch, Mathe und Englisch.
- Auswahlverfahren: Rotationsverfahren.
- Aufteilung der Materialien in drei Blöcke:
  1. Block: Übungs-, Wiederholungs- und Lernmaterialien ...
  2. Block: Spiele, andere Fächer, Phantasiematerialien ...
  3. Block: aktuelle Materialien, passend zur Unterrichtseinheit.
- Inventarliste: differenziert nach Blöcken, Sozialform, Oberbegriff des Materials.
- Pflichtmaterialien: Block 1: Je fünf Materialien aus den Fächern, die eine Stunde geben. Block 2: Keine Vorgaben. Block 3: Je drei bestimmte Materialien aus den Fächern, die eine Stunde geben. Es werden keine bestimmten Materialien der einzelnen Blöcke zur Pflicht gemacht, sondern nur die Anzahl der Pflichtmaterialien bestimmt.
- Freiarbeits-Ordner: Alle Ergebnisse und Tätigkeitsbereiche werden eingetragen; es muss zu jeder Stunde etwas im Ordner vermerkt werden.
- Freiheit bezüglich: Fach, Inhalt, Sozialform, Darstellung, gegenseitige Hilfsmöglichkeiten; mit kleinen Einschränkungen durch Pflichtmaterialien.

Bei diesem Konzept wird die Fremdkontrolle und -bestimmung zunehmend in eine Selbstbestimmung und -kontrolle umgewandelt. Dazu ist aber Zeit und ein prozesshaftes Denken notwendig.

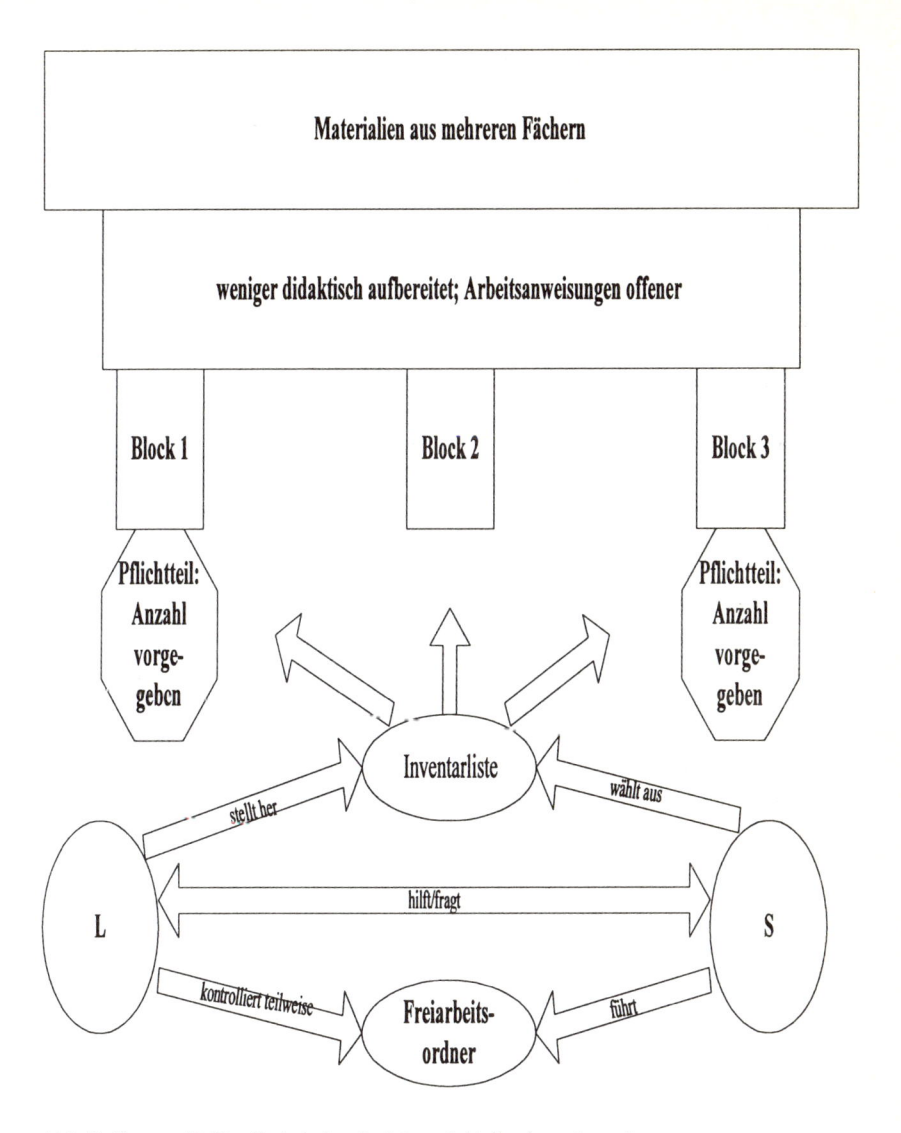

Abb. 7: Konzept B: Den Freiarbeitsprinzipien wird teilweise entsprochen.

2.4. Freiarbeit nach Konzept C:

Dieses Konzept stellt schon eine hohe Form der Freiarbeit dar. Die Freiarbeitsprinzipien treten hier fast in Vollendung auf. Selbstorganisiertes Lernen kann mehr oder weniger stark ohne Bindung durchgeführt werden.
  Die Einteilung und die Auswahl der Materialien bleibt erhalten. Ebenso hat die Inventarliste weiterhin Bestand. Allerdings gibt es bei diesem Konzept keinerlei Pflichtmaterialien mehr. Die Schüler haben ganz freie Auswahl, welche Materialien sie bearbeiten wollen und wie diese bearbeitet werden. Es gibt auch keine Bedingungen bezüglich der Blöcke, aus denen Materialien gewählt werden sollen.
  Damit die Schüler aber trotzdem wissen, wie sie an ein solches Konzept herangehen sollen, ist es für sie wichtig bereits eine hohe Gesprächs-, Methoden- und Sozialkompetenz zu besitzen, damit sie mit dieser Selbständigkeit auch richtig umgehen können. Außerdem sollte eine Klasse, die mit Konzept C arbeitet bereits Erfahrungen in Freiarbeit haben.
  Dies ist vor allem deshalb wichtig, da die Arbeitsmaterialien eine große Offenheit zulassen. Die Schüler können selbst entscheiden wie und wie lange sie ein Material nutzen wollen. Die Materialien sind beinahe nur noch als Rohmaterialien vorhanden. Die Schüler benötigen die entsprechenden Kompetenzen, um selbst entscheiden zu können mit welcher Methode sie einen Inhalt bearbeiten, ob es dabei sinnvoll ist mit einem Partner oder in einer Gruppe zu arbeiten und wie anschließend das Ergebnis der Arbeit dargestellt werden kann. Bei diesem Konzept ist es immer auch ganz sinnvoll, wenn Schüler ihre Arbeitsergebnisse in einer Reflexionsstunde über Freiarbeit vorstellen können.
  Da bei diesem Konzept mehrere Fächer beteiligt sein sollten und auch zwischen 4 und 6 Unterrichtsstunden pro Woche zur Verfügung stehen müssten, kann hier auch sehr gut fächerübergreifend gearbeitet werden. Ebenso können längerfristige Projekte durch die Schüler in der Freiarbeit angegangen und bearbeitet werden.

Konzept C im Überblick:
- Zeit: Zwei bis fünf Stunden pro Woche, die als Doppel- oder Einzelstunden eingesetzt werden können.
- Pool: Verschiedene Fächer stellen jeweils eine Stunde für den Pool zur Verfügung, meist sind es Deutsch, Mathe und Englisch. Andere Fächer kommen in abwechselndem Rhythmus hinzu. (Beispiel: Einen Monat

gibt Geschichte eine Stunde, im anderen Monat Erdkunde; es stehen aber immer Materialien aus beiden Fächern im Freiarbeitsschrank.)
- Auswahlverfahren: Rotationsverfahren.
- Aufteilung der Materialien in drei Blöcke:
  1. Block: Übungs-, Wiederholungs- und Lernmaterialien ...
  2. Block: Spiele, andere Fächer, Phantasiematerialien ...
  3. Block: aktuelle Materialien, passend zur Unterrichtseinheit.
- Inventarliste: differenziert nach Blöcken, Sozialform, Oberbegriff des Materials.
- Pflichtmaterialien: Keine Vorgaben.
- Freiarbeits-Ordner: Schülerinnen und Schüler gestalten ihren Ordner selbst; sie tragen das ein, was ihnen wichtig erscheint.
- Freiheit bezüglich: Fach, Inhalt, Sozialform, Darstellung, gegenseitige Hilfsmöglichkeiten.

Materialien aus mehreren Fächern

weniger didaktisch aufbereitet; Arbeitsanweisungen sehr offen
freie Wahl hinsichtlich Inhalt, Darstellung, Ziel, Sozialform und Arbeitsplanung

Block 1   **Block 2**   **Block 3**

Inventarliste

stellt her   wählt aus

L   hilft/fragt   S

Freiarbeits-
ordner
freiwillig

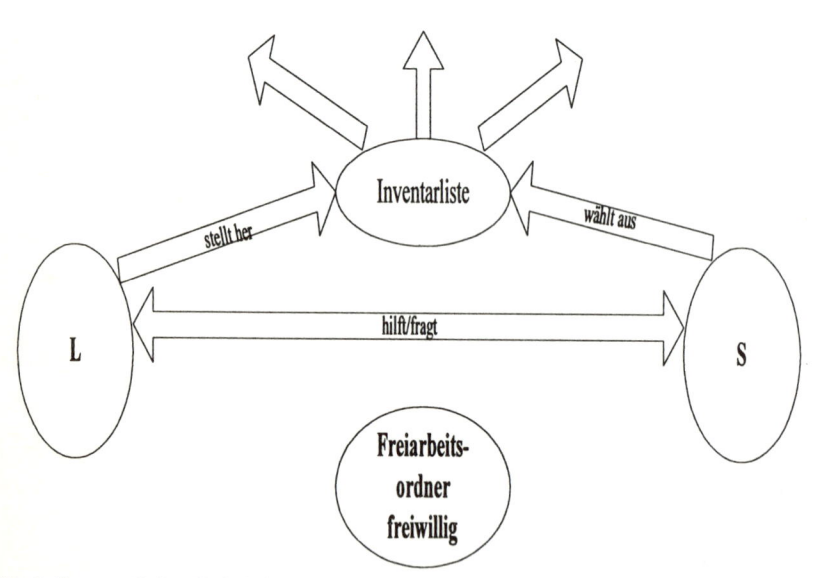

Abb. 8: Konzept C: Den Freiarbeitsprinzipien wird voll entsprochen

2.5. Konzept D als weiterführende Idee des Stufenkonzepts

Dieses Konzept soll als theoretische Möglichkeit der Weiterführung von Konzept C kurz vorgestellt werden. Es handelt sich um eine Konzeption, die ich nicht in der Praxis ausprobiert habe, die aber eigentlich eine logische Folgekonzeption darstellt.

In diesem Konzept könnten die Blöcke aufgehoben und Materialien so in den Schrank gestellt werden. Diese Materialien wären vor allem dadurch gekennzeichnet, dass sie didaktisch nicht mehr aufbereitet sind, sondern nur noch "Rohmaterialien" darstellen. Die Schüler müssten dann, aufgrund ihrer Methoden-, Sozial- und Gesprächskompetenzen, selbst entscheiden können, wie sie ein solches Material bearbeiten. Sie hätten hier also vollkommene Freiheit.

Ob Schüler dazu überhaupt in der Lage sind, selbst vollkommen frei zu entscheiden, wie sie mit einem Material umgehen, kann ich hier nicht beantworten. Es handelt sich hier um ein Konzept, dass die oberste Form der Freiarbeit darstellt. Ob sich dies in der Schule überhaupt verwirklichen lässt, müsste erprobt werden.

3. Vergleich der einzelnen Konzepte

Konzept A weist den engsten Rahmen für die Durchführung von Freiarbeit auf, Konzept D ist am offensten. Je offener ein Konzept ist, desto weniger Orientierungsmöglichkeiten bietet es. Deshalb muss man sehr genau abwägen, welches Konzept für die eigene Klasse das sinnvollste ist. Diese Konzepte stellen dabei aber nur drei Möglichkeiten dar, wie Freiarbeit praktiziert werden kann, dazwischen und darüber hinaus gibt es sicher noch viele verschiedene Konzepte und Konzeptvariationen. Das Stufenkonzept soll auch nur als Vorschlag verstanden werden; welches Konzept nun genau und in welcher Variation eingesetzt wird, das muss den einzelnen Praktikern überlassen werden. Da Schüler unterschiedliche Voraussetzungen mitbringen und über unterschiedliche Kompetenzen verfügen, muss abgestimmt werden, welches Konzept bei welchen Voraussetzungen am besten geeignet ist. Lernende, die wenige der genannten Voraussetzungen mitbringen, brauchen bei der Organisation und Durchführung von Freiarbeit eine starke Orientierung, damit Freiarbeit nicht verkümmert, sondern gewinnbringend eingesetzt werden kann. Solche Schüler stehen ganz am Anfang der Freiarbeitsleiter, sie betreten erst die Stufe 1. Um auf Stufe 1 zu gelangen, müssen aber bereits

Vorübungen im Bereich der oben beschriebenen Lern- und Arbeitstechniken absolviert worden sein, denn nur dann kann überhaupt mit Freiarbeit begonnen werden. Allerdings können diese Lern- und Arbeitstechniken nicht gleich ausgereift werden, sondern nur Ansätze geschaffen werden, die dann innerhalb der Freiarbeit verfeinert und erweitert werden. Bei Klassen mit diesen Grundkompetenzen für Freiarbeit bietet sich Konzept A an, das auf Stufe 1 seine sinnvollste Anwendung findet. Wenn die Beteiligten merken, dass sie mit Freiarbeit schon gut umgehen können, der enge Rahmen zur Last wird und nicht mehr als Hilfe dient, dann kann mit Konzept B oder auch gleich mit C Freiarbeit fortgesetzt werden. Auf meiner Treppe entspricht dies dann Stufe 2 oder 3. Ich möchte hier nochmals betonen, dass auch Variationen dieser Konzepte oftmals notwendig und sinnvoll sind. Es geht hier nur um eine systematische Darstellung der Einsatzmöglichkeiten verschiedener Konzepte, die aus der Praxis für die Praxis entwickelt wurden, die aber für jede Schule und jede Klasse wieder neu überlegt werden müssen.

Die Konzepte A, B und C sind Bestandteile eines Stufenkonzepts, dessen Bedeutung darin besteht, zu verdeutlichen, dass mit Freiarbeit auf unterschiedlichen Stufen begonnen werden muss und dass sich für jede Klasse ein anderes Konzept besonders eignet. Auf welcher Stufe und mit welchem Konzept dabei jeweils angefangen wird, hängt von den Voraussetzungen der einzelnen Klassen und ihren Lehrpersonen ab, nicht aber von ihrem Alter. Schüler, die schon über längere Zeit mit offeneren Formen vertraut sind, können auf einer anderen Stufe einsteigen als solche, die während ihrer Schulzeit überwiegend gelenkten Unterricht genossen haben. Für das Stufenkonzept bedeutet dies, dass nicht alle Klassen alle Stufen der Freiarbeitstreppe besteigen, sondern dass es Seiteneinstiege ebenso geben muss wie parallele Stufen oder die Möglichkeit, auf einer Stufe umzukehren, um auf einer niederen Stufe nochmals zu beginnen. Das vorgestellte Stufenkonzept kann also sehr flexibel benutzt und mit den einzelnen Konzepten sehr offen umgegangen werden.

Diese Flexibilität und Offenheit innerhalb eines bestimmten Rahmens soll allen Lehrern helfen, Freiarbeit in der Sekundarstufe sinnvoll zu verwirklichen. Auf welche Stufe sie dabei sich und ihre Klasse stellen, muss jeder für sich beantworten. Das Stufenkonzept mit den einzelnen Teilkonzepten soll als Vorschlag zur Realisierung von Freiarbeit dienen. Die Umsetzung bleibt dem einzelnen Praktiker überlassen.

Arbeitsaufgabe 1:
Überlegen Sie sich nun, welches Konzept Sie in Ihrer Klasse/Ihren Klassen umsetzen können? Schreiben Sie sich genau auf, wie Sie dabei in den nächsten zwei bis drei Wochen vorgehen wollen? Welche Vorarbeit müssen Sie dafür leisten?

Meine Vorsatzbildung zur Umsetzung von Freiarbeit in den nächsten Wochen:

Arbeitsaufgabe 2:
Was trifft für Sie zu?

☺ ☺ ☺   ☺ ☺ ☹
                                             ?

überwiegend   teilweise
umsetzen   umsetzen

Ich kann eines der Konzepte
...
⚖

nur geringfügig   gar nicht
umsetzen   umsetzen

☹ ☹ ☺   ☹ ☹ ☹
?

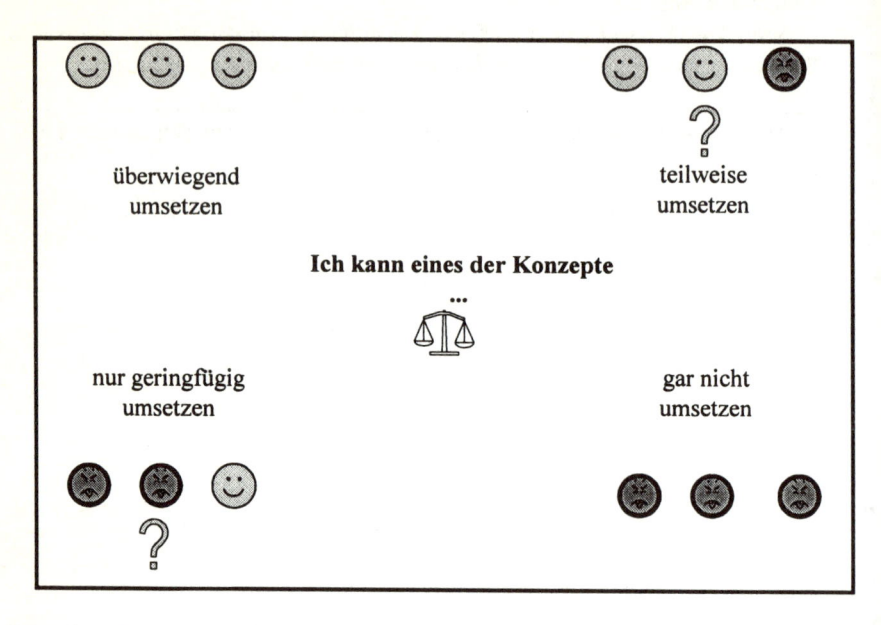

Schreiben Sie sich die Gründe auf, die Sie zur Einnahme Ihres Standpunktes veranlasst haben!

Sprechen Sie mit Tandempartner oder in der Kleingruppe darüber! Sollten Sie alleine arbeiten, dann hört sicher auch eine Freundin/Freund oder ein anderer lieber Mensch zu!

Überdenken Sie Ihren Standpunkt noch einmal und wählen Sie danach ein Konzept zur Umsetzung aus. Denken Sie daran, das Konzept von Freiarbeit gibt es nicht, deshalb können Sie sich auch ein eigenes Konzept zusammenstellen.

VI. Ein wichtiger Bereich der Freiarbeit: die Frage der Materialien

1. Allgemeine Tipps für den Beginn von Freiarbeit

Neben allgemeinen organisatorischen Bedingungen steht die Frage nach den Materialien bei den meisten Gesprächen und auch bei Fortbildungsveranstaltungen im Vordergrund des Interesses von Lehrern. Bevor diese Frage hier ebenfalls thematisiert wird, möchte ich noch einige allgemeine Bemerkungen zu den Rahmenbedingungen für die Umsetzung von Freiarbeit machen.

Eine große Erleichterung zur Umsetzung stellt die Tatsache dar, dass die Durchführung freierer Arbeitsformen vom Bildungsplan her erwünscht und deshalb auch gefördert wird. Dies erleichtert die Rechtfertigung vor und die Absprachen mit Kollegen und mit der Schulleitung. Auch ein Überzeugen der Eltern kann durch das Zitieren des Bildungsplanes erleichtert werden.

Arbeitsaufgabe:
Sammeln Sie Argumente, die Sie gegenüber der Schulleitung und Kollegen und gegenüber den Eltern nennen wollen, wenn Sie danach gefragt werden, warum Sie Freiarbeit in dieser oder jener Klasse einsetzen wollen!

1.
2.
3.
4.
5.

Nachdem Sie nun jeder Diskussion standhalten können, sollten Sie sich eines bewusst machen: Freiarbeit kann und darf nicht „verordnet" werden, son-

dern muss aus Überzeugung und den Glauben an diese Methode verwirklicht werden. Nur so kann sie sinnvoll und bildungswirksam eingesetzt werden.

Hier noch einige Tipps zum Einstieg in die Freiarbeit:
Suchen Sie in Ihrem Kollegium immer wieder Personen, die sich ebenfalls für die Umsetzung von Freiarbeit interessieren, versuchen Sie zu überzeugen, aber lassen Sie auch andere Methoden gelten. Von den Rahmenbedingungen her ist es sicherlich einfacher, wenn sie als Team anfangen können.

Wenn Sie sich für ein Freiarbeitskonzept entschieden haben, klären Sie die räumlichen, zeitlichen, finanziellen und organisatorischen Bedingungen ab. Überlegen Sie sich genau, was Sie zur Umsetzung dieses Konzeptes alles benötigen.

Machen Sie sich selbst nochmals bewusst, dass sich Ihre Lehrerrolle während der Freiarbeit verändert: Sie schlüpfen in die Beobachterrolle und geben einen Großteil der Verantwortung an Ihre Schüler ab. Diese planen im Rahmen der von Ihnen vorgegebenen Lernumgebung ihre Lernarbeit selbst. Sie helfen und unterstützen nur dort, wo es unbedingt notwendig erscheint.

Besprechen Sie mit Ihren Schülern gemeinsam das Vorhaben, in der Klasse Freiarbeit umzusetzen. Dabei ist es besonders wichtig, dass den Schülern klar gemacht werden kann, was sie von Freiarbeit haben und wie sie am besten davon profitieren können. Legen Sie gemeinsam Stundenzahl und den Platz im Stundenplan fest, die zukünftig für Freiarbeit verwendet werden müssen. Teilen Sie der Schulleitung mit, welche Stunden Sie für Freiarbeit ausgewählt haben und kontrollieren Sie sich selbst, dass Sie diese Stunden auch einhalten.

2. Allgemeine Überlegungen zu den in der Freiarbeit verwendeten Materialien

Materialien allein machen zwar noch keine Freiarbeit aus, aber sie sind für deren reibungslosen Ablauf sehr wichtig, da sie das zentrale Medium der Freiarbeit darstellen. Dies vor allem deswegen, weil auf die Selbsttätigkeit der Schüler besonderen Wert gelegt wird, was aber nur durch die Bereitstellung von Lernmitteln möglich werden kann. Die Materialien differenzieren und individualisieren aufgrund ihrer Aufbereitung.

Die Materialien müssen so aufbereitet sein, dass sie den Ansprüchen in der Freiarbeit genügen. Das heißt, sie sollten unterschiedliche Schwierigkeitsgrade aufweisen, verschiedene Lerntypen ansprechen, einen gewissen Aufforderungscharakter besitzen und sowohl der Übung als auch der Vertiefung oder der Ergänzung dienen. Die Materialien müssen jeweils vor der Aufnahme in die Freiarbeit den Schülern vorgestellt und ihre Verwendungsmöglichkeiten dargestellt und begründet werden.

2.1. Faktoren zur Entwicklung eigener und Aufbereitung erworbener Materialien

Die in der Freiarbeit einzusetzenden Arbeitsmaterialien müssen zunächst einmal bestimmte Voraussetzungen erfüllen. Sie müssen altersgerecht aufgebaut sein, was bedeutet, dass sie den jeweiligen Lern- und Entwicklungsstand der Kinder und Jugendlichen berücksichtigen müssen. Außerdem sollten sie die Lebenswirklichkeit und Interessen der Kinder und Jugendlichen aufnehmen. Diese Voraussetzung bedeutet auch, dass die Materialien für jede Klasse spezifisch überarbeitet und hergestellt werden müssen. Diesem Anspruch kann nicht immer Genüge getan werden, allerdings sollte darauf geachtet werden, dass eine Klasse mit den hergestellten oder erworbenen Materialien auch tatsächlich arbeiten kann.

Außerdem muss dieser Aspekt auch mit einer weiteren Voraussetzung in Einklang gebracht werden können. Interessen von Schülern können nur soweit berücksichtigt werden, als sie mit der Forderung nach der Bildungswirksamkeit der einzelnen Materialien übereinstimmen. Die Materialien müssen also fachlich und sachlich so aufbereitet sein, dass sie für die Lernenden und ihre Entwicklung Bedeutung haben.

Eine weitere Voraussetzung besteht darin, dass die Materialien die Methoden- und Sozialkompetenz der Klasse berücksichtigen muss. Es können durch die Materialien nur solche Methoden und sozialen Kompetenzen gefordert werden, die die Schüler tatsächlich in ihrem Repertoire haben oder sich eigenständig erwerben können.

Neben den Voraussetzungen sollten durch die Materialien auch bestimmte Ziele erreicht werden, wobei natürlich die gesamte Freiarbeit hierzu einen Beitrag leisten muss und dies nicht ausschließlich der Aufarbeitung der Materialien zuzuschreiben ist. Zu den Hauptzielen der Freiarbeit gehört die Entfaltung der Persönlichkeit und die Erweiterung der Selbständigkeit durch Erlernen neuer Lernwege und Methoden. Durch die Vermittlung sach- und fachgerechter Inhalte soll eine Erhöhung von Bildung bei den Schülern erreicht werden.

Durch die unterschiedliche didaktische und methodische Aufbereitung der Materialien, sollen sie dem Unterricht eine stärkere Differenzierung und

Individualisierung ermöglichen und damit dem Lehrer die Chance geben, sich einzelnen Kindern besser widmen zu können.

Neben den Zielen, die durch das Bearbeiten von Materialien erhofft und erwartet werden, muss man sich als Hersteller von Materialien bewusst sein, dass diese immer in einer Interdependenz zum Lerninhalt, zum Lehrenden, zum Lernenden und zum Gesamtunterricht stehen.

Ich möchte dies kurz im einzelnen erläutern:
- Lerninhalt: Gegenstand des Materials ist immer ein Lerninhalt, mit dem bestimmte Lernziele verbunden sind. Dieser wird durch das Material dem Lernenden angeboten, der durch die Bearbeitung sich den Lerngegenstand aneignen kann.
- Lehrende: Der Lehrende bereitet die Lernumgebung vor. Er wählt die Lerninhalte aus, prüft die einsetzbaren Methoden und hilft eventuell bei der Bearbeitung des Materials. Das Arbeitsmaterial übernimmt dann in der Freiarbeit die Präsentation des vom Lehrer ausgewählten Materials.
- Lernende: Der Lernende kann nach seinen eigenen Bedürfnissen und Interessen ein Material auswählen. Dieses unterstützt durch die didaktische Aufbereitung das Lernen des Schülers und kann damit zur Kompetenzerweiterung in fachlichem, sozialem und methodischem Bereich beitragen.
- Gesamtunterricht: Da Freiarbeit immer in den Gesamtunterricht eingebettet werden muss, bildet dieser praktisch den Rahmen der didaktischen Überlegungen zur Aufbereitung der Materialien. Diese entstehen teilweise aus dem Unterricht und sollten auch wieder in ihn einfließen. Damit wird Freiarbeit mit dem Gesamtunterricht verbunden und fristet kein Mauerblümchendasein.

Diese Faktoren müssen bei der eigenen Herstellung von Materialien sowie bei der Aufbereitung erworbener Materialien berücksichtigt werden. An diesen Faktoren kann auch überprüft werden, ob es sich tatsächlich um für Freiarbeit geeignete Materialien handelt.

2.2. Hilfen für Schüler bei der Auswahl und Bearbeitung von Materialien

Die Schüler sollen sich bewusst für ein Arbeitsmaterial entscheiden. Hierzu brauchen sie Kriterien, die eine eigenständige Auswahl erst möglich machen. Da alle Materialien durch die Hand des Lehrenden gehen, ist es angebracht, wenn dieser eine solche Hilfestellung anbietet. Damit er nicht jeden einzelnen Lernenden selbst beraten muss und damit die selbständige Auswahl durch den Schüler tatsächlich gewährleistet bleibt, kann die Lehrperson eine sogenannte Inventarliste anfertigen und diese an die Schüler aushändigen. Auf diese Inventarliste trägt der Lehrer die Nummer des Materials ein, den Block, dem das Material laut Stufenkonzept zuzuweisen ist, das Fach oder die Fachrichtung. Dadurch erhält der Schüler einen Überblick über die vorhandenen Materialien in den einzelnen Blöcken und kann sich so sorgfältig das Material auswählen, das er gerne bearbeiten möchte. Außerdem können weitere Informationen über die einzelnen Materialien in die Inventarliste aufgenommen werden. Dies hängt weitgehend von der Konzeptform und dem Stand des Freiarbeitsprozesses, in dem sich die Lernenden gerade befinden, ab. Hinweise zum Schwierigkeitsgrad, zu den möglichen Sozialformen und zum Zeitaufwand eines Materials sind von Schülern dankbar angenommene Wegweiser zur Orientierung durch den manchmal doch sehr dichten Materialiendschungel. Bei Schülern, die sich noch im Konzept A der Freiarbeit befinden, kann auf der Inventarliste auch eine Spalte aufgeführt sein, in die der Schüler einträgt, wann er ein Material bearbeitet hat. Dies kann dann durch Unterschrift des Lehrenden bestätigt werden.

Die Schüler können anhand der Inventarliste ein Material auswählen und dieses bearbeiten.

Zur Bearbeitung bietet es sich an, dass die Schüler einen eigenen Freiarbeitsordner führen. In diesen heften sie die Inventarliste ein und erledigen darin alle schriftlich zu machenden Aufgaben.

Beispiel einer Inventarliste:

Mat.-Nr.	Block	Oberbegriff	Sozialform	Schwierigkeit	Zeitaufwand	Erledigt am:
1	1	Deutsch: Zeichen-Setzung	EA	Mittel	Mittel	
2	1	Deutsch: Partner-Diktat	PA	Alle	Hoch	
3	2	Geschichte: Der große Preis	PA,GA	Mittel	Hoch	
4	3	Biologie: Spiel der Pflanzen	GA	Mittel	Hoch	
5	2	GKD: Zeitungs-Begriffe	EA;PA;GA	Hoch	Gering	

Je nach Konzeptform kann nun die Lehrperson die Ordner durchsehen und feststellen, wie einzelne Schüler in der Freiarbeit arbeiten. Sie können den Schülern ihr Arbeitsverhalten schriftlich mitteilen, in dem sie eine kurze Rückmeldung in den Ordner schreiben. Auch die Schüler können durch schriftliche Äußerungen rückmelden, wie sie mit der Freiarbeit insgesamt und mit einzelnen Materialien zurechtkommen und welche Änderungen sie sich wünschen. Diese Bemerkungen können dann als Grundlage für in regelmäßigen Abständen durchzuführende Reflexionsgespräche verwendet werden.

2.3. Aus dem Stufenkonzept abzuleitende Konsequenzen bei der Erstellung von Materialien

Wie der Begriff Stufenkonzept bereits andeutet, gibt es in diesem Konzept eine Abstufung. Diese bezieht sich aber nicht nur auf die äußere Organisation der Freiarbeit, sondern auch auf die Art der Aufbereitung der didaktischen Materialien.

Konzept A verlangt von seinem Ansatz her Materialien, die didaktisch relativ stark aufbereitet sind. Dies bedeutet, dass genaue Arbeitsanweisungen mit diesen Materialien verbunden sein müssen. Durch die Wahl eines Materials ist bereits auch der Umgang mit diesem Material vorgegeben. Die Schüler entscheiden also bereits bei der Materialienwahl den methodischen Zugang, die Sozialform usw. mit. Sie können den Arbeitsanweisungen die einzelnen Arbeitsschritte entnehmen und müssen diese nur noch vollziehen. Die Lehrperson muss bei der Erstellung der Materialien darauf achten, dass die geforderten Arbeitstechniken im Repertoire der Schüler vorhanden sind. Welche Arbeitstechnik bei der Bearbeitung eines Materials angewendet werden muss, ist bereits vorgegeben, wird also nicht den Schülern überlassen.

Beispiel: Arbeit mit einem historischen Text:
Der Text liegt den Schülern vor. Die Arbeitsaufgabe dazu lautet:
1. Lies den Text genau durch!
2. Unterstreiche die wichtigen und zentralen Textstellen!
3. Merke dir die wichtigsten Aussagen des Textes!
Sozialform: Einzelarbeit.
Eine andere Arbeitsaufgabe zum gleichen Text könnte lauten:
1. Lies den Text durch!
2. Fertige eine Kurzzusammenfassung an, die du in deinen Freiarbeitsordner schreibst!
Sozialform: Einzelarbeit.

Die Schüler können sich für oder gegen diesen Text entscheiden, sie haben auch eine Wahl, ob sie die eine oder andere Arbeitsform wählen. Wenn sie diese Wahl getroffen haben, dann sind sie in ihrem weiteren Vorgehen gebunden. Handelt es sich um ein Pflichtmaterial, dann fällt auch die Entscheidung für das Material weg.

Im Konzept B ändert sich die Aufbereitung der didaktischen Materialien etwas. Mit der Wahl eines Materials ist die Arbeitsweise nicht unmittelbar festgelegt. Den Schülern werden auch für die Methode Wahlmöglichkeiten eingeräumt.

Beispiel: Arbeitsmaterial ist wieder der historische Text.
Arbeitsaufgabe:
Du solltest versuchen, dir die wichtigsten Informationen dieses Textes zu merken.
Wähle dazu eine der folgenden Arbeitstechniken aus:
- Exzerpt zum Text
- Lernen durch Unterstreichen von Textstellen
Du kannst dir auch einen Partner suchen und mit ihm gemeinsam den Text durcharbeiten. Wähle dazu dir bekannte Arbeitstechniken aus.

Im Konzept C werden die Vorgaben noch geringer. Das Material wird zunehmend eigenverantwortlich von den Schülern bearbeitet.
Beispiel: Historischer Text:
Aufgabe: Bearbeite den Text so, dass du hinterher über seinen Inhalt Bescheid weißt.
Du kannst dabei eine für dich geeignete Arbeitstechnik auswählen.
Du kannst zwischen Einzel-, Partner- und Gruppenarbeit wählen.
Überlege dir auch, wie du den Inhalt in deinem Ordner festhalten kannst.

Um auf diese Art und Weise arbeiten zu können, benötigen die Schüler schon eine Menge an Kompetenzen. Hier haben dann auch die Verselbständigung der Methoden Gruppenpuzzle oder Techniken wie Mind-maping usw. ihren Platz.

Bei Konzept D würde nur noch der historische Text als Material auftauchen. Die Bearbeitung bleibt in der Hand der Schüler. Es werden überhaupt keine Arbeitsanweisungen mehr gegeben.

Diese Darstellung bedeutet nicht, dass Materialien aus Konzept A nicht auch noch in Konzept B oder C verwendet werden können, wichtig ist nur, dass sie in Konzept A ihren Schwerpunkt haben. Konzept B und C müssen allerdings um Materialien erweitert werden, die größere Selbstorganisation im Hinblick auf die Freiarbeitsprinzipien ermöglichen. Konzept A darf noch keine solchen "freien" Materialien aufweisen, da die Lernenden in diesem Stadium überfordert wären.

3. Beispiele für selbsthergestellte Materialien

3.1. Möglichkeiten zur Herstellung von Materialien

- Dominos, Puzzles, Memorys, Lükkästen: Diese Spiele sind fast allen unseren Schülern bekannt. Eigene Spielanleitungen können entwickelt werden. Sie eignen sich besonders für Zuordnungsaufgaben, im Fremdsprachenunterricht (Übersetzung) und im Fach Deutsch. Selbstkontrollen werden durch Markierungen, entstehende Bilder (Puzzle ergibt auf der Rückseite ein Bild) gewährleistet. Diese Spielübungen können meist in Einzelarbeit oder in Partner-, aber auch in Gruppenarbeit durchgeführt werden.
- Kreuzworträtsel: Diese können zu vielen Themen ganz unterschiedlich gestaltet werden. Das Lösungswort kann sich durch Herausfinden verschiedener Aufgaben ergeben, wodurch eine Kontrolle gewährleistet ist oder in irgendeiner Form auf dem Arbeitsblatt verzeichnet sein (auf den Kopf gestellt, Buchstabensalat usw.).
- Wendekarten: Auf der Vorderseite des Kärtchens befindet sich eine Aufgabe, eine Fragestellung oder ein Hinweis. Die Rückseite beinhaltet die Lösung. Der Lernende liest die Aufgabe auf der Vorderseite und kann anschließend seine Lösung mit der auf der Rückseite abgedruckten vergleichen. Die Kärtchen können so oft durchgegangen werden, bis alle fehlerfrei beantwortet werden können. Hier eignet sich die Einzelarbeit. Werden diese Kärtchen für Partnerarbeit eingesetzt, dann liest Schüler A die Aufgabe vor, Schüler B gibt die Antwort, die A dann mit der Lösung auf der Rückseite vergleichen kann. Als Gruppenaufgabe kann daraus auch ein Wettbewerb entstehen. Die Aufgaben auf den Kärtchen werden reihum gelöst, derjenige der seine Aufgabe richtig beantwortet hat, darf das Kärtchen behalten. Sieger ist derjenige, der die meisten Kärtchen erhalten hat.
- Stöpsel- und Klammerkarten: Mehrere Aufgaben befinden sich auf der Vorderseite. Ganz oben auf der Aufgabenseite stehen verschiedene Lösungsmöglichkeiten, jeder Lösung ist eine bestimmte Farbe zugewiesen (die Auswahl der Lösungen sollte sich auf vier beschränken). Der Schü-

ler steckt nun eine der Farbe der Lösung entsprechend farbige Klammer an den Rand der Karte. Auf der Rückseite befindet sich eine der Lösung entsprechende Farbmarkierung. Hat der Schüler die Aufgabe richtig gelöst, muss sich die Farbe der von ihm gesteckten Klammer mit der sich auf der Rückseite befindlichen Markierung decken.
- Stöpselkasten: Die Aufgabenkarten sind so gelocht, dass sich das Loch an der Lösung befindet. Nur wenn der Schüler den Stöpsel an der richtigen Stelle anbringt, lässt sich die Karte aus dem Stöpselkasten ziehen.
- Arbeitsblätter: Die Schüler bearbeiten das Blatt und können ihre Lösungen mit einem sich auf der Rückseite des Arbeitsblattes befindlichem Lösungsblatt vergleichen. Dieses kann auch an anderer Stelle im Klassenzimmer deponiert werden.
- Aufgabenkarten, die vom Schüler bearbeitet werden. Diese erhalten Hinweise auf Buchseiten oder weitere Karteikarten, wo sich die Lösungen befinden.
- Freie Arbeitsaufgaben wie das Schreiben von Gedichten, Aufsätzen aller Art oder fremdsprachlichen freien Äußerungen. Diese Aufgaben können nicht vom Schüler selbst kontrolliert werden. Hier kann der Lehrer die Arbeit gemeinsam mit dem Schüler durchsprechen oder aber der Schüler liest seine Arbeit der ganzen Klasse vor, die dann Verbesserungen vornimmt.
- Individuell herzustellende Arbeitsarten wie brainstorming, mind-maps, Struktur-Lege-Techniken und dergleichen müssen individuell bleiben und können deshalb nicht kontrolliert werden. Sie dienen der eigenen Auseinandersetzung mit verschiedenen Sachverhalten.
- Spielformen wie der große Preis, Dalli-Dalli und sonstige Ratespiele sind den Fernsehsendungen nachgemacht und werden auch in dieser Weise durchgeführt.
- Jugendliteratur kann mit Hilfe von selbsthergestellten oder gekauften und aufbereiteten Literaturkarteien bearbeitet werden. Aus diesen kann der Schüler Themen, die ihn besonders interessieren auswählen und dann damit arbeiten. Die einzelnen Aufgabenstellungen sind sehr vielfältig. Von sehr engen Fragestellungen (Kontrolle durch Nachlesen im Jugendbuch) bis hin zu sehr kreativer Auseinandersetzung mit dem entsprechenden Jugendbuch ist alles enthalten.
- Sogenannte Roh- oder Steinbruchmaterialien werden dem Schüler ohne didaktische Aufbereitung überlassen. Er kann selbst damit arbeiten und zwar nach eigenen Interessen und Ideen. Beispiele hierfür sind Tageszeitungen, Geo-Hefte, Hefte der Landeszentrale für politische Bildung,

alte Schulbücher usw.. Diese werden von den Schülern zur Herstellung von Collagen, Wandzeitungen oder dergleichen verwendet.
- Literatur, Filme und sonstige Materialien zu verschiedenen von den Schülern ausgesuchten Referatsarbeiten können ebenfalls in der Freiarbeit zur Verfügung stehen, wenn in der Freiarbeit auch Referate, Vorträge, Interviews usw. vorbereitet werden. Dazu gehören natürlich auch projektorientierte Aufgabenstellungen und die dafür notwendigen Materialien.

Im folgenden werden einige Freiarbeitsmaterialien exemplarisch vorgestellt. Diese sind teilweise von mir oder von Studierenden entwickelt und in der Unterrichtspraxis erprobt worden. Sie sollen erste Anregungen für die Entwicklung eigener Materialien sein.

3.2. Freiarbeitsmaterialien für die Primarstufe

3.2.1. Das „Lesespiel"

Das Lesespiel besteht aus:
6 Legetafeln
24 Wortkärtchen
120 Buchstabenkärtchen: Alle Buchstaben der Wörter, die auf den Legekärtchen als Bild abgedruckt sind.

Spielanleitung:
Jedes Kind erhält die gleiche Anzahl von Legetafeln. Ein Kind mischt die Buchstabenkärtchen und legt sie in die Mitte des Tisches. Jedes Kind nimmt sich der Reihe nach ein Buchstabenkärtchen und versucht es auf seiner Legetafel richtig unterzubringen. Ist ein Buchstabe falsch gelegt worden, wird er zur Mitte gelegt und später benutzt. Passt ein Buchstabenkärtchen nicht zur eigenen Tafel, so wird es behalten. Wenn ein Spieler drei unbrauchbare Buchstabenkärtchen hat, tauscht er alle drei gegen ein neues aus. Gewinner ist, wem es zuerst gelingt, seine Legetafel(n) richtig und vollständig zu belegen.
  Um zu erkennen, ob die Buchstaben richtig gelegt sind, können die Wortkärtchen herangezogen werden.

Abb. 9: Beispiel für eine Legekarte
Das Spiel wurde von Petra Landsperger entwickelt

3.2.2. Was weißt du von Rittern und Burgen?

Ein Lernspiel für zwei bis vier Spieler über die geheimnisvolle Welt des Mittelalter.
Inhalt:
- Ein Spielbrett mit beweglichem Zeiger, bestehend aus den vier Feldern (Wissensgebieten) Ritter, Burgherr/ Burgherrin, Burg, Waffen und Verteidigung.
- 60 Fragekarten zu den vier Wissensgebieten. Die Fragekärtchen sind in unterschiedlichen Farben vorhanden, zu jedem Wissensgebiet gehört eine Farbe.
- Eine Spielanleitung

Ziel des Spiels:
Sammle von jedem Wissensgebiet je zwei Karten, denn dann hast du die „Prüfung zum Ritter" oder die „Prüfung zum Burgfräulein" glänzend bestanden.

Ablauf des Spiels:
Der jüngste Spieler beginnt und dreht den Zeiger. Hält der Zeiger auf einem der vier Wissensfelder, zieht der Mitspieler zur Linken die erste Fragekarte des Stapels und liest sie vor. Der Spieler, der an der Reihe ist, wählt eine Antwort aus den Lösungsmöglichkeiten aus. Manchmal sind auch zwei Antworten richtig. Hat er die richtige Antwort gewählt, darf er die Fragekarte behalten und der nächste kommt an die Reihe. Gespielt wird im Uhrzeigersinn. Wer zuerst das Ziel des Spiels erreicht hat, hat gewonnen.

Beispiele für die Fragekärtchen:
Wissensgebiet Ritter:

Was durfte der junge Ritter nach seinem Ritterschlag?
Allein auf die Jagd gehen
Ein eigenes Wappen führen *
Heiraten

Wie heißen die großen Reiterzüge, in denen sich viele Ritter zusammentaten und in ferne Länder reisten?
*Kreuzzüge**
Pilgerfahrt
Langer Weg

Burgherr/Burgherrin:
Die Bauern mussten ihrem Burgherren einen Teil der Ernte abliefern. Wie hoch war dieser?
Die Hälfte
Ein Drittel
Der zehnte Teil *

Wenn auf der Burg jemand krank wurde, war es die Aufgabe der Burgherrin
Den Arzt zu rufen
*Den Kranken mit selbstgemachter Medizin zu pflegen**
Das Krankenzimmer zu meiden

Burg:
Auf dem freien Platz im Inneren der Burgmauern wurden oft rauschende Feste gefeiert: Wie heißt dieser Platz?
*Burghof**
Festplatz
Spielwiese

Wie erfuhren die Burgleute die Neuigkeiten aus dem Land?
Sie lasen eine Art Zeitung.
Brieftauben brachten Nachrichten aus aller Welt.
Fahrende Spielleute wurden in die Burg geladen und berichteten. *

Waffen und Verteidigung:
Aus welchem Material war die Lanze gefertigt?
*Aus Holz mit einer Eisenspitze**
Ganz aus Eisen
Ganz aus Holz

> Wie versuchten Angreifer, ein Loch in die starke Burgmauer zu bekommen?
> *Sie schossen riesige Steinkugeln aus Katapulten (Wurfmaschinen) ab.* *
> Sie feuerten mit Kanonen
> Sie brachen die Löcher mit großen Eisenstangen.

Einsatzort dieses Materials: Heimat- und Sachunterricht, Klasse 4.

Abb.10: Spielbrett

Das Spiel wurde von Michael Geiger entwickelt.

129

3.2.3. Wie man früher in der Schule schrieb

Dieses Material besteht aus einer Schiefertafel und einem Griffel sowie einer Vorlage der Buchstaben aus der Deutschen Schrift.

Die Schüler sollen nun versuchen, ihren Namen und ihre Adresse in Deutscher Schrift auf die Schiefertafel zu schreiben.

Dabei können sie nachempfinden, welche Probleme Schüler früher mit dem Schreiben hatten und wie es war, auf einer Schiefertafel zu schreiben.

Das Material muss keinem bestimmten Fach zugeordnet werden und kann ab Klasse 3 in der Grundschule eingesetzt werden.

3.3. Freiarbeitsmaterialien für die Sekundarstufe

3.3.1. Büroklammerübung Deutsch

Dieses Material besteht aus mehreren Lernkarten. Auf jeder Karte befinden sich acht Sätze, in denen jeweils ein Rechtschreibproblem thematisiert wird. Für dieses Problem werden drei bis vier Lösungsmöglichkeiten angeboten. Jede Lösungsmöglichkeit ist mit einer anderen Farbe gekennzeichnet. Die Schüler wählen aus verschiedenfarbigen Büroklammern die Farbe aus, die der Farbe ihrer gewählten Lösung entspricht. Diese Büroklammer heften sie dann an die entsprechende Stelle auf der Lernkarte. Durch Umdrehen der Lernkarte können sie erkennen, ob die Farbe der Büroklammer mit dem Farbpunkt auf der Rückseite übereinstimmt und damit die Aufgabe richtig gelöst wurde oder nicht.

Beispiel:
Rechtschreibproblem: s-Laute

s	ss	ß	Rückseite
blauer Punkt	roter Punkt	grüner Punkt	
1.Hier gibt es viele Leckerbi_en⊂ rote Klammer			roter Punkt ✔
2.Die Klö_e sind gut. ⊂ grüne Klammer			grüner Punkt ✔
3.Das Baby schlie_t die Augen. ⊂ blaue Klammer			grünerPunkt: falsch
4.Der Ha_e hoppelt über den Ra_en.			
5.Das habe ich verge_en.			
6.Der Ri_ ist lang.			
7.Er begann zu fre_en.			
8.Das Haus ist rie_ig.			

3.3.2. Sortieraufgabe und Struktur-Lege-Technik: Fach Geschichte

Die Schüler erhalten verschiedene Stichwörter zu einem bestimmten Thema und folgende Arbeitsanweisung:
1. Schau dir die Stichwörter genau an. Kärtchen zu deren Begriffen du einiges weißt, legst du auf einen rechten Stapel, Kärtchen mit Begriffen, mit denen du nichts oder nur wenig anfangen kannst, legst du auf einen linken Stapel.
2. Vervollständige dein Wissen mit Hilfe des Buches oder frage deine Mitschüler oder den Lehrer.
3. Lege anhand der Kärtchen eine Struktur, die den inhaltlichen Zusammenhang der einzelnen Stichwörter verdeutlicht.
4. Zeichne diese Struktur in dein Freiarbeitsheft.

Beispiel: Stichworte zum Thema Antisemitismus und Judenfeindschaft im 3. Reich:
Reichskristallnacht, Ermächtigungsgesetz, Nürnberger Gesetze, SS, Judenverfolgung im 3. Reich, Wannsee-Konferenz, Dachau, 6 Mio Tote, Endlösung, Konzentrationslager, Verbot jüdischer Geschäfte, Hitlers Ideologie, Historischer Anitsemitismus, Oskar Schindler, Emigranten, Widerstand, Anne Frank, Auschwitz.

3.3.3. 21 Ab; Mathematik Bruchrechnen

Spielregeln:
21 Ab wird von 2 bis 5 Spielern mit 36 Karten gespielt. Die Reihenfolge der Karten entspricht den Werten, welche auf die Karten gedruckt sind.

Der erste Spieler mischt die Karten, lässt abheben und verteilt reihum im Uhrzeigersinn einzeln die Karten, bis jeder Mitspieler 3 Karten besitzt. Nun muss der Spieler links vom Geber das Trumpfsymbol (Wurm, Ei, Esel oder Maus) ansagen. Die Karten mit dem Trumpfsymbol stechen alle anderen Karten.

Nach der Trumpfbestimmung erhält jeder Spieler noch zwei weitere Karten. Danach können reihum bis zu drei Karten, die den Spielern nicht gefallen, getauscht werden. Besitzt ein Spieler nur noch drei oder weniger Punkte, darf er nicht mehr tauschen.

Jetzt kann das Spiel beginnen. Derjenige, der den Trumpf angesagt hat, spielt die erste Karte aus. Alle Spieler müssen nun eine Karte mit demselben Symbol abgeben, wenn sie keine solche haben, müssen sie mit einer Trumpfkarte stechen, haben sie auch keinen Trumpf, können sie eine beliebige Karte abwerfen. Der Stich gehört demjenigen, der die höchste Karte zugegeben hat, und dieser Spieler ist nun mit dem Ausspiel an der Reihe. Wenn alle fünf Stiche gemacht sind, beginnt die Abrechnung.

Jeder Spieler hat zu Beginn 21 Punkte. Für jeden erzielten Stich darf der Spieler einen Punkt abziehen, wenn der Esel das Trumpfsymbol war, dürfen sogar zwei Punkte abgezogen werden.

Hat ein Spieler keinen Stich gemacht, so werden ihm fünf Punkte hinzugezählt, war der Esel Trumpf sogar zehn Punkte. Sobald ein Spieler 0 Punkte hat, hat dieser gewonnen.

Zusatzregel bei mehr als zwei Spielern:
Jeder Spieler darf maximal 3 mal eine Runde aussetzen, wenn er meint, er habe zu schlechte Karten. Es müssen aber immer zwei Spieler in der Runde bleiben. Derjenige, welcher den Trumpf angegeben hat, darf der Spielrunde natürlich nicht wegbleiben.

Hat ein Spieler fünf oder weniger Punkte, dann darf er nicht mehr aussetzen.

Das Spiel wurde von Robert Kern entwickelt.

Abb. 11: 21 Ab

3.3.4. Memory der Nadelbäume

Spielanleitung:
Gespielt wird wie ein normales Memory. Immer eine Bildkarte passt zu einer Erläuterungskarte.

133

Form: pyramidenförmig, nur sommergrün Äste: quirlig, weit ausgreifend	Lärche	Lärche
Borke: hell bis dunkelgrau, glatt, teilweise rissig	Tanne	Zapfen: klein (2-4 cm) dick, graubraun
Zapfen: lang (10 - 15 cm), hängend, braun	Fichte	Fichte
Nadeln: lang, spitz, stehen paarweise, Oben: dunkelgrün	Kiefer	Form: pyramidenförmig Äste: quirlartig um den Stamm

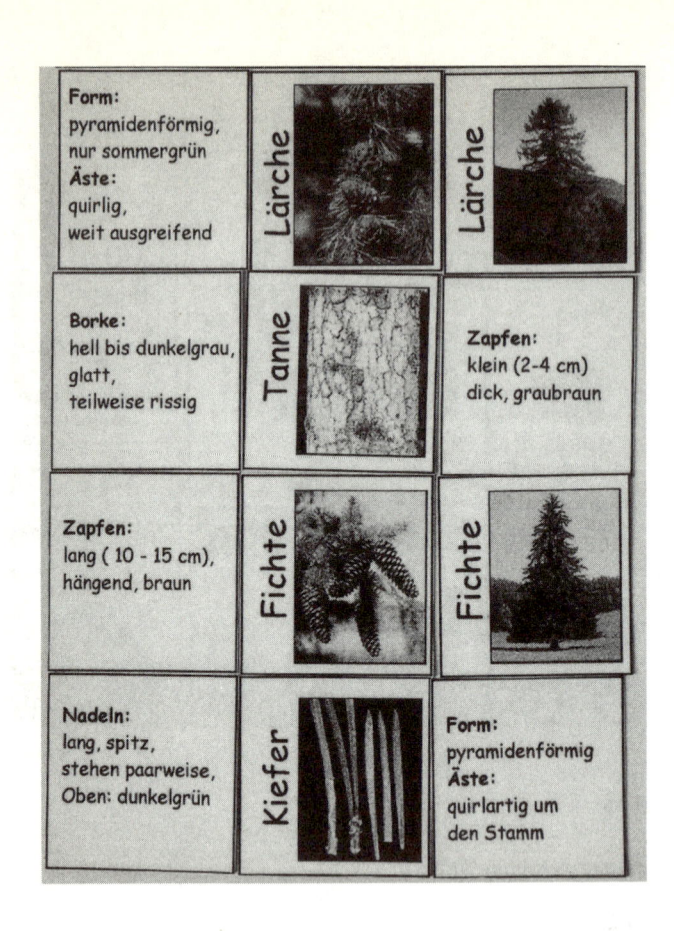

Abb. 12: Memory der Nadelbäume

Kontrollieren können die Schüler ihre Ergebnisse mit der folgenden Tabelle:

	Tanne	Fichte	Kiefer	Lärche
Form	Zylinder-förmig, Wipfel verbreitert Äste: Flach ausgebreitet, etagenförmig	Pyramidenförmig Äste: Quirlartig um den Stamm	Rundlich oder pyramidenförmig Äste: Unregelmäßig	Pyramidenförmig nur sommergrün Äste: Quirlartig, weit ausgreifend
Stamm	Borke: hell bis dunkelgrau, glatt, teilweise rissig	Borke: Graubraun, schuppig	Borke: Viele tiefe Risse, rötlich-braun bis violett	Borke: Braunrot, mittelrissig
Zweige, Nadel	Nadel: Abgeflacht, stumpf Oben: dunkelgrün Unten: 2 weiße Streifen	Nadeln: Spitzig, vierkantig, auf allen vier Seiten dunkelgrün Zweige: Oft hängend, rötlich	Nadeln: Lang, spitz, stehen paarweise Oben: dunkelgrün	Nadeln: Kurz, hellgrün, weich, stehen in Büschlein Zweige: Hängend
Zapfen	Lang (10-18 cm), walzenförmig, aufrecht, hellbraun	Lang (10-15 cm) Hängend, braun	Länglich, eiförmig, hängend	Klein (2-4cm), dick, graubraun

Angefertigt und entwickelt von Robby Kern.

3.3.5. Stromkreis: Physik

Aufgabe:
- Nimm dir vorne eine Materialkiste.
- Versuche mit dem vorhandenen Material eine Lampe zum Leuchten zu bringen. Was brauchst du dazu?
- Zeichne den Stromkreis in das Heft und benenne die Bauteile.
- Man kann einen Stromkreis auch anders aufzeichnen, lies nach und zeichne.
- Benütze dein Schulbuch.

Ein einfacher Stromkreis besteht immer aus ....,
.. und ....

Schaltung mit Schaltzeichen			
Bauteil	Schaltzeichen	Bauteil	Schaltzeichen
Lampe		○	

- <u>Aufgabe:</u> Zeichne weitere funktionsfähige Schaltungen nach eigener Wahl. Verwende dazu Bauteile, die du kennst.

Dieses Material wurde entwickelt und angefertigt von Stefan Ayerle.

Zwei weitere Beispiele aus dem Fach Physik.
Auch diese wurden von Stefan Ayerle angefertigt.

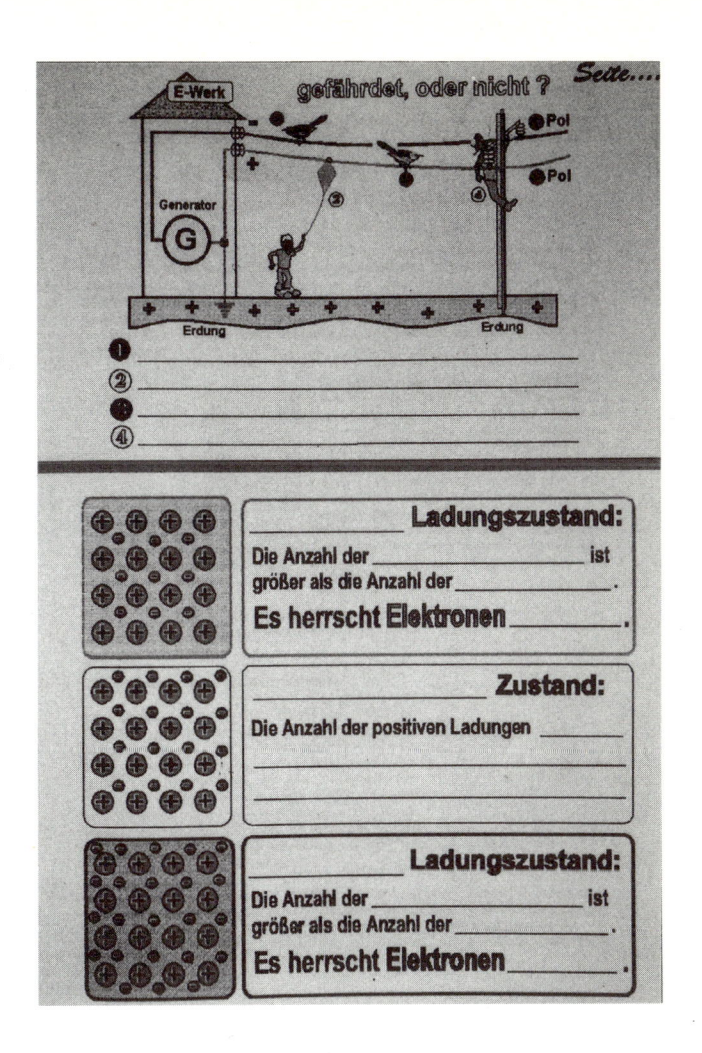

Abb. 13: Elektronen

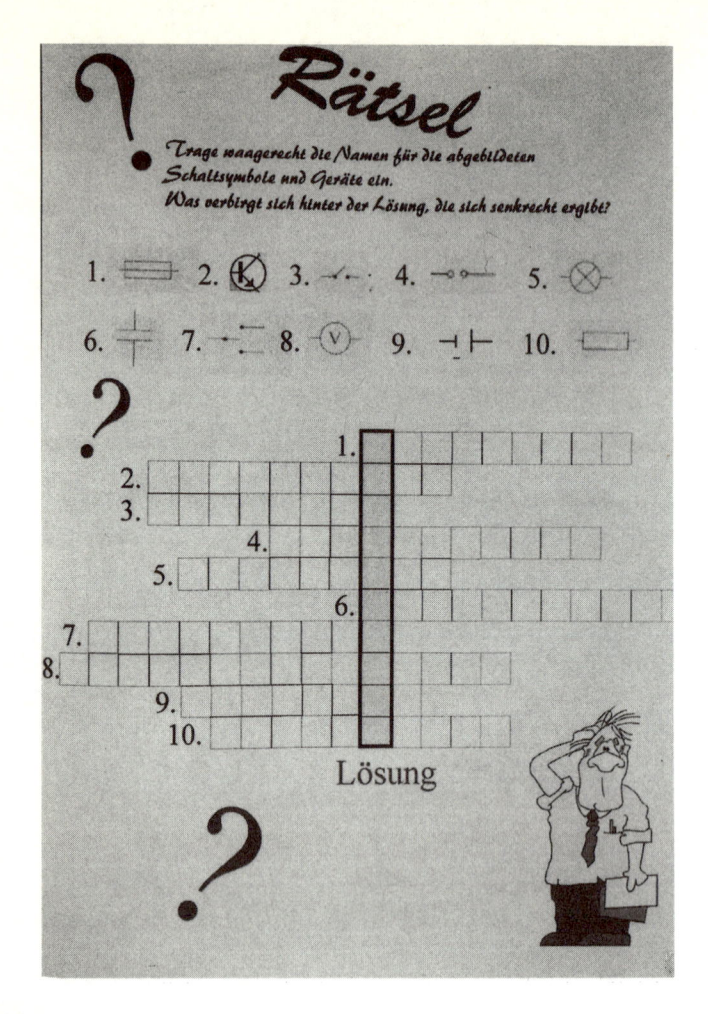

Abb. 14: Rätsel

Da nicht alle Materialien für die Freiarbeit selbst hergestellt werden können und müssen, sollen nun einige Freiarbeitsverlage genannt werden. Dabei handelt es sich um Verlage, die meiner Ansicht sinnvolles und brauchbares Material anbieten.

138

3.4. Adressen von Freiarbeitsverlagen

- Agentur Dieck, Postfach 1240, 52525 Heinsberg
- ALS-Verlag, Justus-von-Liebig-Straße 19, 63128 Dietzenbach
- AOL-Verlag, Waldstraße 17/18, 77837 Lichtenau
- FinkenImpulse Verlag Postfach 1420, 61440 Oberursel
- Freiarbeit-Verlag, Waldstraße 17, 77839 Lichtenau (Baden)
- Lehrmittelhaus Riedel, Unter den Linden 15, 72762 Reutlingen
- Pädagogik-Kooperative, Goebenstraße 8, 28209 Bremen
- Reformpädagogischer Verlag Jörg Potthoff, Haydnstraße 16a, 79104 Freiburg
- Robin-Hood-Versand, Akademie Remscheid für musische Bildung und Medienerziehung, Küppelstein 34, 42857 Remscheid
- Rüdiger Kohl Verlag, Postfach 1140, 52382 Niederzier
- Sauros Verlag, Postfach 301224, 50782 Köln
- Verlag an der Ruhr, Alexanderstraße 54, 45472 Mühlheim/Ruhr

Beim Erwerb von käuflichen Freiarbeitsmaterialien muss allerdings berücksichtigt werden, dass auch diese genau geprüft und meist didaktisch für die eigene Klasse aufgearbeitet werden müssen. Dies ist besonders wichtig, um sie auf das in der Klasse gültige Freiarbeitskonzept einzustellen. Überprüfen Sie deshalb Materialien nach folgenden Kriterien:
- Aufforderungscharakter
- Überschaubarkeit des Materials
- Handlichkeit
- Werden entsprechende fachliche, sachliche, methodische oder soziale Ziele erreicht/ Lerninhalte vermittelt?
- Kann die Klasse eigenständig mit diesem Material arbeiten?
- Bietet das Material die Möglichkeit der Selbstkontrolle?
- Können Sie das Material so bearbeiten, dass es in Ihrer Klasse einsetzbar ist und sich sowohl der arbeitsintensive als auch der finanzielle Aufwand lohnt?

Können Sie die für Sie wichtigen Punkte mit ja beantworten, dann sollten Sie ruhig auch das eine oder andere Material käuflich erwerben.

Arbeitsaufgabe:
Stellen Sie nun für sich und ihre Klasse mindestens ein Freiarbeitsmaterial her.

Schreiben Sie Ihre ersten spontanen Ideen hier auf. Überlegen Sie sich, ob sich diese Ideen tatsächlich verwirklichen lassen.

Meine Ideen zur Herstellung von Freiarbeitsmaterialien:

1.

2.

3.

VII. Schritt für Schritt in Richtung Freiarbeit durch eigenes Erproben der Methode

Freiarbeit ist eine in der Praxis noch recht wenig eingesetzte Methode, so dass sie von den Lehrenden meist noch nicht selbst erfahren werden konnte. Um eine Unterrichtsmethode tatsächlich beurteilen zu können, ist es sehr hilfreich sie sozusagen „am eigenen Leibe" zu erfahren. Dazu dient dieses Kapitel. Es möchte zunächst eine kurze Erläuterung geben, warum der sogenannte „Pädagogische Doppeldecker" hilfreich und sinnvoll im Zusammenhang mit der Umsetzung von Freiarbeit ist und wie mit ihm umgegangen werden kann, sodann werden einzelne Materialien für die Durchführung des Pädagogischen Doppeldeckers vorgestellt, die exemplarisch ausgewählt und bearbeitet werden können.

1. Der Pädagogische Doppeldecker als Unterstützungsmaßnahme bei der Umsetzung von Freiarbeit

Mit Problemen des Transfers vom Wissen zum Handeln ist zu rechnen, wenn sich Lehrende dieses Wissen nur rezeptiv aneignen. Es treten Störungen oder Probleme auf, wenn rein rezeptiv erworbenes Wissen praktisch genutzt werden soll. Vor allem kann der Lehrende nicht angemessen auf unvorhergesehene Begebenheiten reagieren, weil ihm solche Situationen nicht bekannt sind und er auf keine entsprechenden Erfahrungen zurückgreifen kann. Es gelingt ihm nicht oder nur teilweise, sich in die Situation hineinzuversetzen, angemessene Lösungsstrategien fehlen ihm ebenfalls.

Einen Ausweg aus diesem Dilemma bieten konstruktivistische Ansätze. Danach müssen die in der pädagogischen Praxis Tätigen die Praxisrelevanz von theoretischen Konzepten schon während der Auseinandersetzung mit einer neuen Theorie/ Methode konkret erleben. Theorien/ Methoden müssen „am eigenen Leibe erfahren werden", bevor man sie im eigenen Aufgabenfeld (d.h. im Unterricht) anwendet.

Der Pädagogische Doppeldecker stellt eine Übersetzungshilfe zur Umsetzung neu erworbenen Wissens dar. Lehrer müssen zunächst selbst erfahren und erleben wie Freiarbeit funktioniert, bevor sie mit ihren Schulklassen damit arbeiten. Um es am Bild des Doppeldeckers zu verdeutlichen: Die Tragfläche A auf der einen Seite des Flugzeugs wird von mir dazu benutzt, meinen Leserinnen und Lesern die zu vermittelnden Sachverhalte über Freiarbeit selbst erfahren zu lassen. Lehrer arbeiten selbst mit der Methode Freiarbeit. Wechselt man nun die Perspektive (bzw. Tragfläche), so rückt der Lehrende in die Position, auf der er die Methode Freiarbeit sinnvoll an seine Schüler weitergeben kann. Wichtig ist: Nur durch die selbst gemachten Erfahrungen kann sich das Flugzeug in ruhigem Flug vorwärtsbewegen und bleibt im Gleichgewicht. Der Lehrende kann sich gut in die Rolle der Schüler versetzen, weil er selbst bestimmte Probleme zu bewältigen hatte und deshalb in der Lage ist, sinnvolle Lösungen zu finden.

Lehrer sollen die Methode Freiarbeit durch eigenes Praktizieren kennen lernen. Dadurch erfahren sie selbst, was sie mit ihren Schülern vorhaben und können deshalb schneller und besser auf auftauchende Probleme reagieren. Außerdem erhöht sich die Empathiefähigkeit, da einem durch eigenes Ausprobieren manche Dinge erst auffallen, das Lesen der Theorie macht solche Bereiche nicht bewusst.

Abb. 15: Bildliche Darstellung eines Pädagogischen Doppeldeckers

Nach dem Erproben erfolgt dann eine Reflexion, die nach drei Gesichtspunkten geordnet werden kann:

Wie?	Wo?	Warum?
Funktion des Verfahrens Herstellungswissen	Einsatz der Methode	Theoretische Begründung des Verfahrens

Das Doppeldecker-Prinzip ermöglicht ein Lernen an Life-Modellen, Lernen durch Erfahrung und Lernen durch die Möglichkeit eines Perspektivenwechsels.
 Durch die Anwendung des Pädagogischen Doppeldeckers können die Lehrenden aus der Teilnehmerperspektive Freiarbeit und die begleitenden Methoden bewusst erleben. Innerhalb des Pädagogischen Doppeldeckers erarbeiten sie sich Wissen über Freiarbeit durch die Methode der Freiarbeit. Das Doppeldeckerprinzip ermöglicht mit ein erfolgreiches Zurücklegen des Weges vom Wissen zum Handeln.
 Im folgenden werden Materialien vorgestellt, die im Rahmen eines Pädagogischen Doppeldeckers bearbeitet werden können.

Aufgabe:
Wählen Sie nun verschiedene Materialien aus und bearbeiten Sie sie nach den entsprechenden Vorlagen. Wenden Sie dafür so viel Zeit auf, wie sie möchten, mindestens aber eine Stunde am Stück. Versuchen Sie, ihr Wissen durch die Freiarbeit zu vervollständigen und Erfahrungen mit Freiarbeit am eigenen Leibe zu erleben.
 Viel Spaß dabei!

2. Materialien für den Pädagogischen Doppeldecker

2.1. Inventarliste

Hier werden die Materialien nicht in drei Blöcke aufgeteilt, da dieses Kapitel als Zusammenfassung des gesamten Buches angesehen werden kann und es deshalb keine Unterscheidung zwischen Übungs- und Wiederholungsmaterialien und aktuellen Materialien geben kann. Alle Materialien sind aktuell und Sie können dabei Ihr Wissen erweitern. Sie können die Materialien auch jederzeit nacharbeiten oder verändern, vielleicht bieten sie sich auch als Materialien für Pädagogische Tage oder Konferenzen an. Sie können aber auch alleine, im Tandem oder in der Kleingruppe bearbeitet werden.

Mat.Nr.	Stichwort	Sozialform	Zeitaufwand	Erledigt am
1	Kärtchen-Aufgabe FA: Überprüfung des eigenen Wissens	EA	Mittel	
2	Freiarbeit ist für mich....	EA,PA, GA	mittel	
3	Konzept A	EA,PA	Kurz	
4	Konzept B	EA, PA	Kurz	
5	Konzept C	EA, PA	Kurz	
6	Sammeln von Argumenten für FA	EA,PA,GA	Mittel	
7	Voraussetzungen und Ziele für Freiarbeit	PA, GA	Hoch	
8	Lernkartei: Merkmale freier Arbeit	EA,PA	Mittel	
9	Spiel: Unser Wissen über Freiarbeit	GA	Hoch	
10	Spiel: Der große Preis	GA	hoch	
11	Zum Weiterdenken: Thesen zur Freiarbeit	EA, PA, GA	Mittel	

2.2. Material Nr. 1: Kärtchenaufgabe Freiarbeit: Überprüfung des eigenen Wissens

Arbeitsanweisung:
Gehen Sie die Kärtchen der Reihe nach durch!

Überprüfen Sie Ihr Wissen.
Kärtchen über deren Begriff Sie gut Bescheid wissen, kommen auf einen Stapel, die anderen Kärtchen auf einen anderen. Versuchen Sie mit Hilfe des Buches, Ihre Lücken zu schließen.

Kärtchen:

Breites Lernangebot	Sozialverhalten
Schlüsselqualifikationen	Verantwortung
Individualisierung	Entscheidungsfähigkeit
Arbeit	Freiheit
Reformpädagogik	Differenzierung
Selbstbestimmung	Grenzen der Freiheit
Selbständiges Lernen	Veränderte Kindheit
Motivation	Erfolgserlebnisse

2.3. Material 2: Freiarbeit ist für mich...

Bepunkten Sie die Aussagen, die für Sie zutreffend sind.

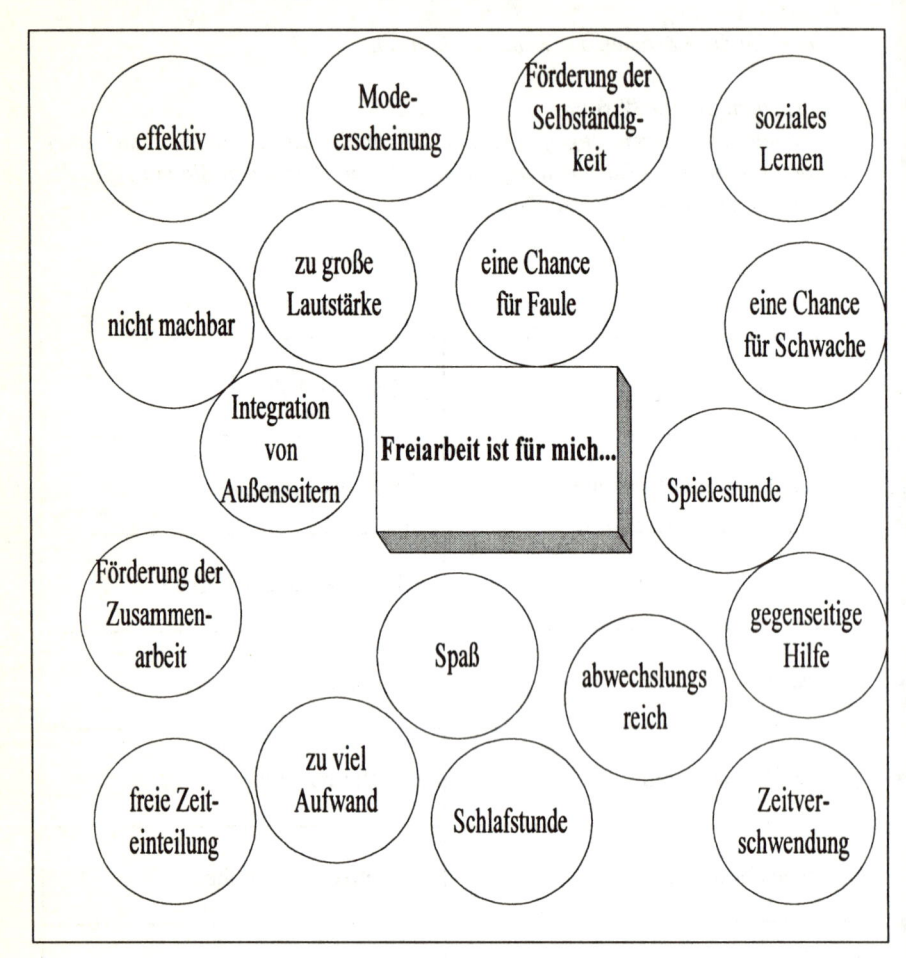

- effektiv
- Modeerscheinung
- Förderung der Selbständigkeit
- soziales Lernen
- nicht machbar
- zu große Lautstärke
- eine Chance für Faule
- eine Chance für Schwache
- Integration von Außenseitern
- **Freiarbeit ist für mich...**
- Spielestunde
- Förderung der Zusammenarbeit
- Spaß
- abwechslungsreich
- gegenseitige Hilfe
- freie Zeiteinteilung
- zu viel Aufwand
- Schlafstunde
- Zeitverschwendung

2.4. Material 3: Konzept A

Versuchen Sie mit Hilfe der aufgeführten Stichworte das Konzept A auf ein extra Blatt Papier zu zeichnen. Vergleichen Sie mit S. 101:

Konzept A: Den Freiarbeitsprinzipien wird ansatzweise entsprochen	
Block 1	Block 2
Zusätzliche Angebote/ Spiele	Aktuelle Materialien
gibt an, welche Pflichtmaterialien bearbeitet werden	Lehrer/ Lehrerin
⇨wählt aus	⇨führt
Block 3	Übung und Wiederholung
Inventarliste	Freiarbeitsordner
Schüler/ Schülerin	⇨kontrolliert
Fragt/ beobachtet↔	⇧ ⇩ ⇔ ⇐ ⇒ Zeichen zur freien Verfügung

2.5. Material 4: Konzept B

Versuchen Sie mit Hilfe der aufgeführten Stichworte das Konzept B auf ein extra Blatt Papier zu zeichnen. Vergleichen Sie mit S. 106:

Konzept B: Den Freiarbeitsprinzipien wird teilweise entsprochen	
Block 1	Block 2
Zusätzliche Angebote/ Spiele	Aktuelle Materialien
gibt an, wieviele Pflichtmaterialien bearbeitet werden	Lehrer/ Lehrerin
⇨wählt aus	⇨führt
Block 3	Übung und Wiederholung
Inventarliste	Freiarbeitsordner
Schüler/ Schülerin	⇨kontrolliert
Fragt/ beobachtet↔	⇧ ⇩ ⇔ ⇐ ⇒

2.6. Material 5: Konzept C

Versuchen Sie mit Hilfe der aufgeführten Stichworte das Konzept C auf ein extra Blatt Papier zu zeichnen. Vergleichen Sie mit S. 109:

Konzept C: Den Freiarbeitsprinzipien wird voll entsprochen	
Block 1	Block 2
Zusätzliche Angebote/ Spiele	Aktuelle Materialien
⇨wählt aus	Lehrer/ Lehrerin
⇧ ⇩ ⇔ ⇐ ⇒ Zeichen zur freien Verfügung	
Block 3	Übung und Wiederholung
Inventarliste	Freiarbeitsordner
Schüler/ Schülerin	Fragt/ beobachtet↔

2.7. Material 6: Sammeln von Argumenten für Freiarbeit

Auf den Kärtchen stehen verschiedene Argumente, die von verschiedenen Personen gegen Freiarbeit vorgebracht werden.
Formulieren Sie schriftlich zu jedem Argument ein Gegenargument und überlegen Sie sich, von wem dieser Einwand kommen könnte.

- das ist zu viel Aufwand
- da ist es mir viel zu unruhig
- und wenn sie da doch nichts lernen
- wer sucht da schon eine wirklich schwere Aufgabe?
- da komm ich mit dem Stoff nicht durch
- die Kinder sind doch völlig überfordert
- und die Eltern?
- da fehlt mir der Überblick
- Lernen mit Freude - das gibt es nicht

2.8. Material 7: Voraussetzungen und Ziele für Freiarbeit

Schreiben Sie die Stichworte entsprechend Ihrer Auffassung in die Mengendarstellung.
Wählen Sie je drei wichtige Ziele und Voraussetzungen aus.
Wenn Sie die Möglichkeit haben, besprechen Sie Ihre Anordnung mit einem Partner.

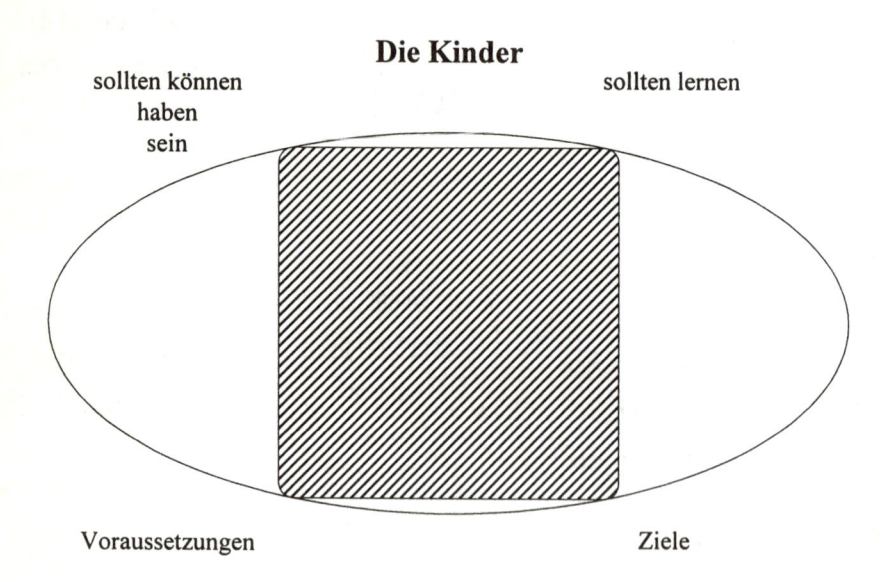

Die Kinder

sollten können   sollten lernen
haben
sein

Voraussetzungen   Ziele

Stichwörter:
Kontrollieren/ dokumentieren; Ausdauer entwickeln; Aufgaben wählen; helfen und sich helfen lassen; sich selbst einschätzen; eigenverantwortlich lernen; miteinander sprechen/ arbeiten; selbst Regeln aufstellen; mit Freude arbeiten; sich selbst Ziele setzen und Inhalte erarbeiten; Zeit einteilen; sich konzentrieren; Aufgaben bearbeiten/ Lösungen suchen; Arbeitsplatz suchen/ einrichten; Selbstvertrauen gewinnen; Arbeitsanweisungen befolgen; mit Dingen sachgerecht umgehen; grundlegende Arbeitstechniken beherrschen; sich vielfältig ausdrücken können; sich an Regeln halten.

2.9. Material 8: Merkmale freier Arbeit

Arbeiten Sie mindestens fünf der vorliegenden Arbeitskarten durch. Schreiben Sie Ihre Antworten zunächst auf ein Blatt Papier und vergleichen Sie dann mit dem Lösungsblatt:

Karte 1:

Was ist „frei" an der Freiarbeit?

Karte 2:

Worin unterscheidet sich die Freiarbeit vom Freispiel?

Karte 3:

Welche Rolle spielt die Selbsttätigkeit in der Freiarbeit?

Karte 4:

In welcher Form besteht Eigenverantwortung der Kinder in der Freiarbeit?

Karte 5:

In der Freiarbeit spielt die Gemeinschaft eine große Rolle! Nehmen Sie dazu Stellung!

Karte 6:

Wie sollte das Angebot in der Freiarbeit gestaltet sein?

Karte 7:

Welche Punkte müssen bei der Organisation von Freiarbeit beachtet werden?

Karte 8:

Welche drei wichtigen Kompetenzen der S. sehen Sie als Voraussetzung für Freiarbeit?

Karte 9:

Welche Ziele werden durch Freiarbeit angestrebt?

Karte 10:

Welche Reformpädagogen werden meist in Verbindung mit Freiarbeit genannt?

Karte 11:

Welche Aufgaben hat die Lehrerin/ der Lehrer in der Freiarbeit?

Karte 12:

Welchen zeitlichen Umfang soll die Freiarbeit haben?

Karte 13:

Welchen „fachlichen Rahmen" hat die Freiarbeit?

Karte 14:

Wie steht es mit Unterrichtsstörungen in der Freiarbeit?

Karte 15:

Welche Chancen und Grenzen sehen Sie im Moment in der Freiarbeit?

Lösungen:
Karte 1:
Wahlfreiheit: Inhalt, Thema, Reihenfolge der Aufgaben, Anzahl, Schwierigkeit, Zeit, Arbeitsform, Darstellung, Sozialform. Einschränkung: Soweit das Material nichts anderes vorgibt.
Karte 2:
Ernsthaftes, konzentriertes Arbeiten; gezieltes Lernen steht im Vordergrund; bestimmte Lernziele sind mit den Materialien verbunden. Auch das „spielerische" Lernen ist mit Arbeit verbunden!
Karte 3:
Im Umgang mit den Materialien lernt das Kind handlungsorientiert und selbständig. Es stellt sich selbst Aufgaben und bearbeitet diese in Form einer Tätigkeit.

Karte 4:
Die Aufgaben und Materialien ermöglichen eine Selbstkontrolle. Durch diese übernehmen die Kinder Verantwortung. Sie sind auch verantwortlich für die Organisation und den Ablauf ihrer Arbeit.
Karte 5:
Erst das gegenseitige Verstehen und Helfen macht eine solche Unterrichtsform überhaupt möglich. Offen bedeutet auch offen im Miteinander und frei bedeutet auch verantwortlich für den anderen und dessen Freiheit. Auch Eltern und Lehrer können in diese Gemeinschaft eingeschlossen werden.
Karte 6:
Materialien und Aufgaben aus verschiedenen Lernbereichen, in unterschiedlichen Schwierigkeitsgraden, mit Selbstkontrollmöglichkeiten und einer Anregung zur Weiterarbeit, zum Üben und Wiederholen, aber auch zum Erschließen von Lerninhalten.
Karte 7:
Klarer zeitlicher Rahmen, klare Aufgabenstellung, Verhaltensregeln, frei zugängliche Materialien, Ordnungssystem, Dokumentationsmöglichkeit.
Karte 8:
Gesprächskompetenz, Sozialkompetenz, Methodenkompetenz
Karte 9:
Motivation erhöhen bei L. und S.; Schlüsselqualifikationen vermitteln; soziales Lernen, Differenzierung/ Individualisierung; das Lernen lernen usw..
Karte 10:
Peter Petersen; Maria Montessori, Celestin Freinet.
Karte 11:
Umgebung vorbereiten, Arbeitsformen und Materialien herstellen und einführen, Kinder bei ihrer Arbeit beobachten, Kinder bei ihrer Arbeit individuell unterstützen, Arbeitsprozesse steuern, regeln und reflektieren, Kooperation mit Eltern und Kollegen.
Karte 12:
Keine zeitlichen Vorgaben, aber regelmäßige und verbindliche Zeiten für Freiarbeit; Integration in Stundentafeln und Stoffpläne; Verlagerung von Lehrplaninhalten in die Freiarbeit.
Karte 13:
Freiarbeit sollte nicht auf einzelne Fächer beschränkt bleiben. Lehrpläne sind auch hier verbindlich, aber die bestimmten nicht nur die Arbeitsangebote in der Freiarbeit. Fächerverbindende und projektorientierte Themen können mit der Freiarbeit verbunden werden.

Karte 14:
Freiarbeit ist nicht frei von Störungen. Auf Unterrichtsstörungen muss in der Freiarbeit reagiert werden. Reflexionsgespräche bieten sich hier an. Raum des einzelnen muss gewahrt bleiben.
Karte 15:
Keine Kontrollantwort.

2.10. Material 9: Spiel: Unser Wissen über Freiarbeit

Für 3- 6 Teilnehmer.
Spielplan, Karten, 1 Würfel

Spielplan:
Auf dem Spielplan befinden sich vier Felder. Jedes Feld hat eine andere Farbe und beschäftigt sich mit einem Thema aus der Freiarbeit.

Kärtchen: Freiarbeit: Definition (rot):
1. Nennen Sie die drei Prinzipien der Freiarbeit!
2. Wahlfreiheit– bezüglich welcher Bereiche?
3. Freiarbeit und Gesamtunterricht! Wie stehen Sie dazu!
4. Definieren Sie Freiarbeit!
5. Was verstehen Sie unter dem Prinzip der Selbsttätigkeit?
6. Was verstehen Sie unter dem Prinzip der Selbstkontrolle?
7. Gibt es *das* Konzept von Freiarbeit?

Lösungen:
1. Wahlfreiheit, Selbsttätigkeit, Selbstkontrolle
2. Inhalt, Interesse, Sozialform, Darstellung, Zeit
3. Diskutieren Sie hierzu Ihre Meinungen!
4. FA beschreibt eine bestimmte Unterrichtszeit, in der die S. ihre Lernarbeit selbst planen, einteilen und eigenverantwortlich durchführen. In dieser Zeit stehen ihnen Materialien zur Verfügung, die didaktisch aufbereitet wurden.
5. Die S. sind über eine gewisse Zeit selbst tätig, ohne genaue Anweisungen durch die Lehrperson. Sie müssen ihren Arbeitsprozess selbst überprüfen können und selbst organisieren.

6. Die meisten Materialien weisen Möglichkeiten der Selbstkontrolle auf, so dass die Lernenden ihren Arbeitsprozess selbst überprüfen können. Sie lernen sich dadurch selbst besser einschätzen.
7. Nein, jeder muss sich sein Konzept für sich und seine Klasse entwickeln.

Freiarbeit: Materialien (weiß):
1. Nennen Sie zwei Wege, wie man Materialien für den Unterricht erhalten kann!
2. Nennen Sie drei große Gruppen von Lernmaterialien!
3. Je nach Stufenkonzept unterscheiden sich die Materialien. Worin?
4. Welche Arten von Materialien kann man unterscheiden?
5. Nennen Sie einige Kriterien, die bei der Herstellung von Materialien beachtet werden sollen1
6. Beschreiben Sie ein Material, bei dem Sie glauben, dass es bei Ihren S. gut ankommt.

Lösungen:
1. kaufen, selbst herstellen
2. Übungs- und Wiederholungsmat., Erlebnis-und Erfahrungsmat., Phantasie- und Kreativitätsmat.
3. Die didaktische Aufbereitung wird immer geringer, je besser die S. mit FA umgehen können. Damit wird den FA-Prinzipien eher entsprochen.
4. Steinbruchmat., Übungsmat., Lernmat., Kreativitätsmat., Ganzschriften usw.
5. Robustes Material verwenden, übersichtlich gestalten, Selbstkontrolle, Anzahl sollte überschaubar sein, Inventarliste erstellen, genaue Anweisungen geben usw.

Freiarbeit: Allerlei (grün):
1. Beschreiben Sie spontan ein Ihnen bekanntes Freiarbeitsmaterial.
2. Was verstehen Sie unter selbstorganisiertem Lernen?
3. Gehört Freiarbeit mehr zu selbstorganisiertem oder zu angeleitetem Lernen?
4. Welche anderen Unterrichtsmethoden kennen Sie, die mit Freiarbeit verbunden sind?
5. Freiarbeit ist vergeudete Zeit! Nehmen Sie dazu Stellung!
6. Welche Kompetenzen sollten die S. haben, wenn Sie mit FA beginnen?
7. FA ist ein Prozess – nehmen Sie dazu Stellung!

Lösungen:
1. Der Phantasie sind keine Grenzen gesetzt!
2. Lehrer zieht sich zurück, S. übernehmen Verantwortung, keine Vorgaben, selbsttätiges Tun der S..
3. Selbstorganisiert
4. Wochenplanarbeit, Stationenarbeit, freies Üben, Freispiel, Lernstraße, Lernzirkel
5. Durch FA werden wichtige Ziele erreicht. FA ist bildungsplankonform. FA ergänzt sinnvoll den herkömmlichen Unterricht.
6. Gesprächs-,Sozial- und Methodenkompetenz: FA als Weg und Ziel dieser Kompetenzen
7. Man kann nicht von heute auf morgen mit FA beginnen, sondern man muss langsam hineinwachsen.

Freiarbeit: Reformpädagogik (gelb):
1. Welches sind Urväter/ -mütter der Freiarbeit?
2. Auf wen geht der Dalton-Plan zurück?
3. Heißt heutige Freiarbeit nur Wiederbelebung der Reformpädagogik?
4. Hilf mir, es selbst zu tun! Von wem stammt dieser Ausspruch?
5. Welches Menschenbild liegt der Freiarbeit zugrunde?
6. Peter Petersen hat eine bis heute vorhandene Schulform geschaffen! Wie heißt diese?
7. Welches waren wichtige Prinzipien der Reformpädagogik?

Lösungen:
1. Montessori, Freinet, Petersen, Gaudig, Parkhurst...
2. Helen Parkhurst
3. FA hat ihre Wurzeln in der Reformpädagogik, aber sie muss neue, eigene Wege gehen; es ist nicht nur ein Aufleben bereits Dagewesenem
4. Maria Montessori
5. Mensch kann sein Leben selbst in die Hand nehmen und eigenverantwortlich damit umgehen.
6. Jena-Plan-Schule
7. Kind steht im Mittelpunkt; Kritik an der Buchschule und dem Frontalunterricht; gemeinsames Lernen wichtig; Lernen mit Kopf, Herz, Hand; Selbsttätiges Tun der Kinder

Spielanleitung:
1. Es wird immer im Uhrzeigersinn gewürfelt.

2. Es muss immer ein Kärtchen der Farbe genommen werden, deren Zahl der Würfelzahl entspricht.
3. Derjenige, der gewürfelt hat, fragt seinen linken Nachbarn!
4. Die Augen des Würfels 1 und 6 sind Joker. Hier darf man sich das Feld selbst auswählen.
5. Sind die Kärtchen eines Feldes aufgebraucht, wird die Zahl ebenfalls zum Joker.
6. Gewonnen hat, wer die meisten Kärtchen richtig beantwortet hat.

Das Spielbrett sieht so aus:

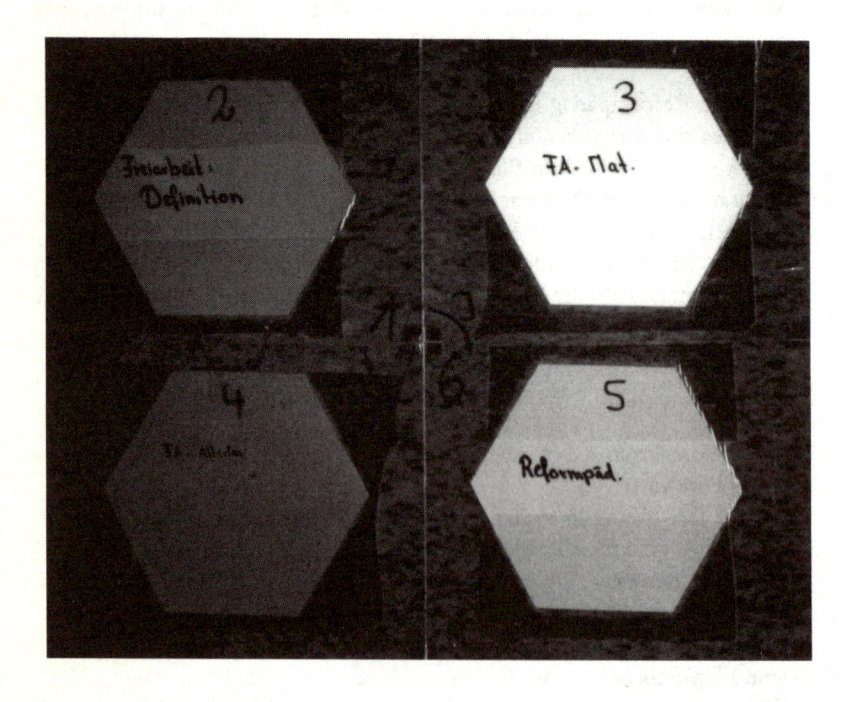

Abb.16: Spiel des Wissens

Material 10: Der große Preis

Spielanleitung: Die Person, die beginnt, wählt eine Karte aus (Bsp.: Feld A, 30). Die Frage wird laut vorgelesen (sie darf vorher nicht sichtbar sein). Die Person, die die Karte gewählt hat, darf zunächst die Antwort geben. Sie wird mit der Lösung verglichen. Ist die Antwort richtig, erhält die Person die entsprechende Punktzahl zugewiesen. Ist die Antwort falsch, wird die Punktzahl dem Konto abgezogen und die Frage bleibt offen. Wer am Ende die meisten Punkte hat, hat gewonnen.

Feld A	Feld B	Feld C
10: Was ist frei an der Freiarbeit?	10: Welches oberste Bildungsziel kann durch Freiarbeit erreicht werden?	10: In welche Stufen lässt sich das Stufenkonzept unterteilen?
20: Zu welcher Form des Lernens gehört die Freiarbeit?	20: Nennen Sie drei Schlüsselqualifikationen, die durch Freiarbeit erreicht werden können!	20: Welche Voraussetzungen sollten durch die Vorstufe geschaffen werden?
30: Nennen Sie mit Freiarbeit verbundene Unterrichtsmethoden!	30: Wolfgang Klafki nennt drei Prinzipien (Fähigkeiten) als Bildungsziele! Nennen Sie diese!	Worin unterscheidet sich Konzept C von A und B?
40: Definieren Sie die Unterrichtsmethode Freiarbeit!	40: Welche Begründungsansätze können durch Freiarbeit herangezogen werden?	40: Erläutern Sie die Gemeinsamkeiten der Konzepte A, B und C.
Lösungen Feld A	Lösungen Feld B	Lösungen Feld C
10: Freiheit gegenüber Inhalt, Darstellung, Zeit, Sozialform	10: Demokratiefähigkeit/ mündige Bürger	10: Vorstufe, Konzept A, B, C
20: Form des selbstorganisierten/ selbstgesteuerten Lernens	20: Teamfähigkeit, Kooperationsfähigkeit Kommunikationsf., Selbsttätigkeit, Verantwortungsgefühl	20: Grundlagen in Methoden-, Sozial-, Gesprächskompetenz
30: Wochenplanarbeit; Stationenarbeit; Lernzirkel, Freies Üben, Wahldifferenzierter U.	30: Selbstbestimmungsf., Mitbestimmungsf., Solidaritätsf.	30: Kein Pflichtanteil, längere FA-Dauer, mehrere Fächer beteiligt, Mat. Weniger didaktisch aufbereitet
40: best. Unterrichtszeit, S. organisieren, planen und arbeiten selbständig, didaktisch aufbereitete Materialien stehen zur Verfügung	40: bildungstheoretischer Ansatz, lernziel-orientierter Ansatz, gesellschaftspol. Ansatz, wirtschaftliche Begründungen	40: Anfertigen einer Inventarliste; Einteilung in 3 Blöcke; Führen eines FA-Ordners, Rotationsverfahren bei der Auswahl.

2.12. Material 11: Zum Weiterdenken: Thesen zur Freiarbeit

1. Freiarbeit ist ein offener Prozess. Sie ist somit kein endgültig abgeschlossenes Konzept. Sie muss sich vielmehr immer wieder in Frage stellen lassen und muss ständig weiterentwickelt werden. Auch die Schüler müssen an diesem Prozess teilnehmen, sie müssen an und mit ihr lernen.
2. Es gibt nicht d i e Freiarbeit, die für alle verbindliche und vorgeschriebene Form. Sie ist vielmehr abhängig vom Lehrer, der Situation der Schüler, der Schule usw., aber: bestimmte Grundsätze kennzeichnen die Freiarbeit.
3. Es ist nicht das Ziel der Freiarbeit, mit Hilfe immer raffinierter ausgetüftelter Materialien mit immer ausgeklügelteren Lernschritten immer mehr Wissen in die Schüler einzutrichtern.
4. Freiarbeit ist also nicht eine neue Unterrichtsform, mit der effektiver als bisher Stoff vermittelt werden soll.
5. Freiarbeit ist eine natürliche Konsequenz ganzheitlicher Erziehung.
6. Freiarbeit ermöglicht ein zeitweises Abrücken vom Lernen im Gleichschritt.
7. Jedes gesunde Kind will lernen.
8. In der Freiarbeit steht nicht das Reden über eine Sache, sondern der handelnde Umgang mit und an ihr im Vordergrund.
9. Freiarbeit berücksichtigt Unterschiede der Kinder in Bezug auf Begabung, Lerntempo, Entwicklungsstand und Lernstil.
10. Dem Kind wird die freie Wahl des Arbeitsmittels zugetraut.
11. Freiarbeit ergänzt den herkömmlichen Unterricht.

Wählen Sie eine oder mehrere Thesen aus und diskutieren Sie diese.

VIII. Ein erster Schritt in Richtung Freiarbeit ist getan

„Jeder Weg von tausend Meilen beginnt mit dem ersten Schritt".
Wenn Sie dieses Buch durchgearbeitet haben, dann haben Sie sicher schon wesentlich mehr als einen Schritt in Richtung Freiarbeit geleistet. Ich hoffe und wünsche mir, dass Sie durch das Lesen der theoretischen und das Bearbeiten der praktischen Teile Handlungskompetenzen erworben haben, die Ihnen nun bei der Umsetzung der Methode Freiarbeit helfen oder bereits geholfen haben.
Das Buch erhebt den Anspruch, Ihnen einen individuellen Lernprozess ermöglicht zu haben, so dass Sie an der Freiarbeit dort mit Ihrer Klasse anknüpfen konnten, wo es für Sie und die Klasse sinnvoll und logisch war oder vielleicht demnächst sein wird.

Am Ende des Buches möchte ich nochmals kurz darauf eingehen, warum das Buch diese Struktur erhalten hat und weshalb sich Theorie und Praxis abwechseln.
1. Es kann nicht nur neues Wissen vermittelt werden, ohne das bei den Lesern vorhandene Wissen zu berücksichtigen. Die meisten der Leser haben sicher bereits viele Dinge über Freiarbeit gehört, manches mehr, anderes weniger zutreffend. Häufig ist dieses angesammelte Wissen dem einzelnen Lehrer gar nicht bewusst. Da es sich aber über lange Wege angesammelt und verdichtet hat, greift der Lehrer zunächst einmal bei Planungen auf dieses Wissen zurück. Um dieses Wissen durch "besseres" Wissen über Freiarbeit zu ersetzen, muss dem Lehrer zunächst das vorhandene Wissen und seine damit verbundene Praxis bewusst gemacht werden. Erst, wenn dies gelungen ist und der Lehrer erkennt, dass er sein Wissen und seine Praxis verändern möchte, kann mit einem Umlernprozess begonnen werden. Und erst dann kann neues Wissen vermittelt werden.
2. Damit der Lehrer das neu Gelernte auch tatsächlich aufnehmen und verarbeiten kann, müssen erwachsenendidaktische Methoden zur Anwendung gelangen. Besonders wichtig erscheinen mir hierfür der Pädagogische Doppeldecker und die ständig variierenden Angebote eines Erfahrungsaustausches. Außerdem muss das Buch inhaltlich so gut aufgebaut sein, dass die Lehrer mit dem neu Gelernten auch tatsächlich etwas anfangen können.

3. Da die Bewusstmachung, der Umlernprozess und das sich daran anschließende Verdichten des Wissens nicht von heute auf morgen abspielen kann, muss die Umsetzung von Freiarbeit längerfristig angelegt werden. Damit ist auch gewährleistet, dass sich Theorie und praktische Aufgaben zur schrittweisen Umsetzung von Freiarbeit abwechseln. Dies ist notwendig, damit der Lehrer sein Wissen gleich in Handlung umsetzen kann. Ohne diese Erprobungsphasen kann er nicht feststellen, ob es Probleme gibt und damit keine Lösungssuche vornehmen.
4. Damit der Lehrer nicht als Einzelkämpfer dasteht und bei den ersten Problemen aufgibt, benötigt er auf dem Weg der Umsetzung Unterstützung und Begleitung. Dazu ist es hilfreich, wenn sich ein Tandem einer Schule auf den Weg zur Freiarbeit macht, so dass die gegenseitige Unterstützung und Motivation gewährleistet ist. Auch das Einführen von Kleingruppen kann hier eine wichtige Stütze sein. Um die Tandem- und vor allem die Kleingruppenarbeit noch effektiver zu gestalten, wäre es nützlich, sie so zusammenzustellen, dass nicht nur Sympathiekriterien ausschlaggebend sind, sondern auch das Unterrichten gleicher Fächer oder das gemeinsame Unterrichten in einer Klasse. Damit könnten sich die Tandems vielleicht noch effektiver bei ihrem Umsetzungsprozess unterstützen. Für die Kleingruppenarbeit spielen diese Faktoren ebenfalls eine Rolle.

Sollten Sie noch Fragen inhaltlicher, methodischer oder sonstiger Art haben oder aber Anregungen zur Verbesserung dieses Buches geben wollen, dann wenden Sie sich doch bitte an mich.

Mein Adresse:

Dr. Silke Traub
Pädagogische Hochschule Weingarten
Kirchplatz 2
88250 Weingarten

Literaturverzeichnis:

Adl-Amini, B. (1994). Medien und Methoden des Unterrichts, Donauwörth.

Adl-Amini, B./ Schulze, T./ Terhart, E. (Hrsg.) (1993). Unterrichtsmethode in Theorie und Forschung, Bilanz und Perspektiven. Studien zur Schulpädagogik und Didaktik, Band 8, Weinheim.

Aebli, H. (1986). Denken. Das Ordnen des Tuns. Bd.1: Kognitive Aspekte der Handlungstheorie. Stuttgart.

Akademie für Lehrerfortbildung Dillingen (1994). Freies Arbeiten: Realschule – Hauptschule – Gymnasium, Ludwig Auer GmbH, Donauwörth.

Bartnitzky, H. (1986). Freie Arbeit und Leistungsbeurteilung. In: Lehrer Journal, 54.Jg. 5/1986, S.215-216.

Bastian, J. (1995). Offener Unterricht. In: Pädagogik,47.Jg. Heft 12, Dezember 1995, S.6-11.

Benner, D. (1990). Wilhelm von Humboldts Bildungstheorie. Weinheim/München.

Bildungskommission NRW (1995). Zukunft der Bildung - Schule der Zukunft. Denkschrift der Kommission "Zukunft der Bildung - Schule der Zukunft" beim Ministerpräsidenten des Landes Nordrhein-Westfalen. Luchterhand.

Bönsch, M. (1995). Differenzierung in Schule und Unterricht. Ansprüche, Formen, Strategien, Ehrenwirth-Verlag, München.

Büg, M. (1982). Veränderung von handlungsleitenden Kognitionen und unterrichtlichem Handeln durch Trainingsverfahren. Entwurf und Durchführung eines Trainingskonzepts für Lehrer der III. Phase auf der Basis der Selbstinstruktion. Unveröffentlichte Diplomarbeit, PH Weingarten.

Claussen, C.(Hrsg.) (1995). Handbuch Freie Arbeit: Konzepte und Erfahrungen, Beltz- Verlag, Weinheim.

Dann/ Humpert/ Krause/ Tennstädt (Hrsg.) (1993). Analyse und Modifikation Subjektiver Theorien von Lehrern, Konstanz, 2. Auflage.

Daubenbüchel, J./ Schuldt, W. (1986).Wie frei ist die Freie Arbeit? In: Lehrer Journal, 54.Jg. 5/1986, S. 213-215.

Fuhrer, U. (1984) Mehrfachhandeln in dynamischen Umfeldern. Vorschläge zu einer systematischen Erweiterung psychologisch-handlungstheoretischer Modelle, Göttingen 1984

Fuhrer, U. (1990). Handeln-Lernen im Alltag, Bern.

Groeben, N. (1988). Handeln, Tun, Verhalten als Einheiten einer verstehend-erklärenden Psychologie. Wissenschaftstheoretischer Überblick und Programmentwurf zur Integration von Hermeneutik und Empirismus, Tübingen.

Groeben N./ Scheele B. (1973). Argumente für eine Psychologie des reflexiven Subjekts, Darmstadt.

Groeben, N./ Wahl, D./ Schlee, J./ Scheele, B. (1988). Forschungsprogramm Subjektive Theorien. Eine Einführung in die Psychologie des reflexiven Subjekts, Tübingen.

Groß, E. (Hrsg.) (1992). Freies Arbeiten in weiterführenden Schulen: Hinführung - Begründung - Beispiele. Ludwig Auer- Verlag, Donauwörth.

Haas, A. (1998). Unterrichtsplanung im Alltag. Eine empirische Untersuchung zum Planungshandeln von Haupt-, Realschul- und Gymnasiallehrern. Roderer Verlag, Regensburg.

Hage, K. (1985). Das Methodenrepertoire von Lehrern. Eine Untersuchung zur Methodenfrage in der Sekundarstufe I, Opladen.

Hecker,U.. Freie Arbeit Schritt für Schritt. Verlag an der Ruhr, ohne weitere Angabe.

Hessisches Institut für Lehrerfortbildung. Entwicklung von Schule und Beruf; 40 Jahre HILF 1951-91.

Hoefs, H. (1996). Offenheit macht Schule: Ein anderer Schulalltag: Bausteine für Freies Lernen in Projekten. Verlag an der Ruhr, Mühlheim an der Ruhr.

Heursen, G. (1996). Selbstorganisiertes Lernen: Autonomie im Unterricht. In: Pädagogik, 48.Jg., Heft 7-8, 1996, S. 76-80.

Heyse, H. (1985). Erziehung in der Schule - eine Herausforderung für die Schulpsychologie. Bericht über die 7. Bundeskonferenz für Schulpsychologie und Bildungsberatung der Sektion Schulpsychologie im Berufsverband Deutscher Psychologen, Trier.

Jürgens, E. (1995). Die "neue" Reformpädagogik und die Bewegung offener Unterricht. Theorie, Praxis und Forschungslage. 2. Aufl. Sankt Augustin: Academia- Verlag.

Jürgens, E. (1998). Wege zu selbständigem Lernen. Erfahrungen von Lehrerinnen und Lehrern mit Freiarbeit. In: Die Deutsche Schule 3/98, S. 321-332.

Kempas, G. (1994). Lehren lernen. Auswirkungen interpersoneller Differenzen auf die Lernprozesse Lehrender. Dissertation an der Universität Tübingen.

Klaffke, T. (1995). Von der inneren zur äußeren Öffnung des Unterrichts. In: Pädagogik, 47.Jg. Heft 12, Dezember 1995, S. 12-22.

Klafki, W. (1996). Neue Studien zur Bildungstheorie und Didaktik: zeitgemäße Allgemeinbildung und kritisch-konstruktive Didaktik. 5.unveränd. Aufl. Weinheim/Basel.

Klippert, H. (1995). Gewußt wie: Methodenlernen als Aufgabe der Schule. In: Pädagogik, 47.Jg.,Heft 1, 1995, S.6-10.

Koch, S. (1996). Freie Arbeit als pädagogisches Motiv in der Reformpädagogik, dargestellt anhand der pädagogischen Konzeptionen Maria Montessoris, Helen Parkhurst, Hugo Gaudigs, Peter Petersens und Celestin Freinets. Inaugural-Dissertation zur Erlangung des Grades eines Doktors der Erziehungswissenschaft der Pädagogischen Hochschule Ludwigsburg.

Konrad, K./ Traub, S. (1999). Selbstgesteuertes Lernen in Theorie und Praxis. München. Oldenbourg-Verlag.

Krieger, C. (1994). Mut zur Freiarbeit. Praxis und Theorie für die Sekundarstufe. Baltmannsweiler, Schneider- Verlag Hohengehren.

Ladenthin, V. (1992). Wie frei ist die Freiarbeit? In: Schulmagazin 5-10, H.11, 1992, S.4-7.

Lantz, O./ Krass,H. (1987). Chemistry teachers' functional paradigms. Science Education, 71, 1987, S. 117-134.

Lichtenstein-Rother, I. (1986). Der pädagogische Ort der Freien Arbeit in der Regelschule. In: Lehrer Journal, 54 Jg., 5/1986, S.194-197.

Meyer, H. (1987). Unterrichtsmethoden, Band 1 und 2, Weinheim.

Miller, G.A./ Galanter, E./ Pribram, K. (1973). Strategien des Handelns, Stuttgart.

Ministerium für Kultus und Unterricht, Baden Württemberg (1994). Bildungsplan für die Realschule. Lehrplanheft 3,Stuttgart.

Montada, L.u.a.(1983). Kognition und Handeln, Stuttgart, Klett.

Mutzeck, W. (1988). Von der Absicht zum Handeln. Rekonstruktion und Analyse Subjektiver Theorien zum Transfer von Fortbildungsinhalten in den Berufsalltag. Weinheim.

Österreich, R. (1981). Handlungsregulation und Kontrolle, München-Wien, Baltimore.

Potthoff, W. (1994). Freies Lernen - Verantwortliches Handeln. 2.überarbeitete und aktualisierte Auflage, Freiburg.

Potthoff, W. (1992). Grundlage und Praxis der Freiarbeit.4. Aufl., Freiburg.

Röbe, H. (1986). Freie Arbeit - eine Bedingung zur Realisierung des Erziehungsauftrags der Grundschule? Verlag Peter Lang GmbH, Frankfurt am Main.

Röbe, H. (1983). Freie Arbeit als eine Möglichkeit, einen pädagogisch begründeten Differenzierungsbegriff zu realisieren. In: Pädagogische Welt: 37.Jg., Heft 8, 1983, S.489-496.

Sauter, W. (1994). Vom Vorgesetzten zum Coach seiner Mitarbeiter, Weinheim.

Scheele, B. / Groeben, N. (1988). Dialog-Konsens-Methoden zur Rekonstruktion Subjektiver Theorien, Tübingen.

Sehrbrock, P. (1993). Freiarbeit in der Sekundarstufe I. Frankfurt am Main, Cornelson Scriptor.

Schmidt, E.M.. Kooperativ lehren lernen. Dissertation in Vorbereitung

Schümer G.(1996). Projektunterricht in der Regelschule; Anmerkungen zur pädagogischen Freiheit des Lehrers. In : Zeitschrift für Pädagogik, 34. Beiheft, Weinheim.

Strittmatter - Haubold, V. (1995). Handlungsleitung. Eine empirische Studie zum Transfer von Fortbildungsinhalten, Weinheim.

Schulze, H. (1993)." ... und morgen fangen wir an!" Bausteine für Freiarbeit und offenen Unterricht in der Sekundarstufe, 2. Auflage, AOL-Verlag, Lichtenau.

Terhart, E (1983). Lehr-Lern-Methode. Eine Einführung in Probleme der methodischen Organisation von Lehren und Lernen, Weinheim und München.

Thommen, B./ Amann, R./ von Cranach, R. (1988). Handlungsorganisation durch soziale Repräsentation, Bern/Stuttgart/Toronto.

Traub, S. (1997). Freiarbeit in der Realschule. Analyse eines Unterrichtsversuchs, Landau.

Traub, S. (1999). Auf dem Weg zur Freiarbeit: Entwicklung und Analyse eines Lehrerfortbildungskonzepts zur Vermittlung von Handlungskompetenz für Freiarbeit in der Sekundarstufe. Dissertation, Weingarten

van Dick, L. (1991). Freie Arbeit, Offener Unterricht, Projektunterricht, Handelnder Unterricht, Praktisches Lernen. Versuch einer Synopse. In: Pädagogik, Heft 6, 1991, S. 31-34.

Verband Bildung und Erziehung (VBE) (1994). Zwischen Deformation und Reform. Gegenwart und Zukunft des Lehrerberufs, Bonn.

Wahl, D. (1989). Handeln unter Druck. Analyse und Modifikation des Handelns. Habilitationsschrift, Universität Tübingen.

Wahl, D. u.a.(1984). Psychologie für die Schulpraxis. Ein handlungsorientiertes Lehrbuch für Lehrer, München 1984.

Wahl/ Wölfing/ Rapp/ Heger (1991).Erwachsenenbildung konkret. Mehrphasiges Dozententraining; eine neue Form erwachsenendidaktischer Ausbildung von Referenten und Dozenten, Weinheim.

Wallrabenstein, W. (1994). Offene Schule - Offener Unterricht. Ratgeber für Eltern und Lehrer. Aktualisierte Auflage, Hamburg.

Weinhäupl, W. (Hrsg.) (1995). Lust auf Schule: Offener Unterricht in der Mittelstufe, Veritas-Verlag, Linz.

Winkel, R. (1978). Theorie und Praxis der Unterrichtsmethoden. In: Die Deutsche Schule 70, 1978, S. 669-683.

Witte-Löffler, E. (1995). Freiarbeit - ein Anfang mit 138 DM und zwei Stunden. In: bildung und wissenschaft, Zeitung der Gewerkschaft Erziehung und Wissenschaft, Nr.12, Dezember 1995, S. 57-61.